Umschlagbild:

Papageitaucher (*Fratercula arctica*):

Der auch Puffin genannte Vogel ist etwa taubengroß
und ernährt sich hauptsächlich von Fisch.

Naturkunde für Schlaufüchse

Dr. Ralf Schön
Dr. Mirjam Schön
Markus Mattern
Peter Stumpe

Einleitung

Clevere, schlaue, vielleicht sogar hochbegabte Kinder und Jugendliche ab dem 12. Lebensjahr werden an diesem Buch ihre Freude haben.

Wir haben den Menschen in den Mittelpunkt gestellt in seiner Beziehung zum Weltall, zur Erde, zur Umwelt und zur Tierwelt.

Die Gliederung des Buches ist von „A" nach „Z".
Es beginnt mit der Astronomie und endet mit der Zoologie.
Es beginnt mit dem Großen, dem Weltall, und endet mit Bärtierchen, die mikroskopisch klein sind.
Dazwischen befinden sich Kapitel über die Erde, die Natur und den Menschen.

Wir haben bewusst auf Zeichnungen und Bilder verzichtet, um das räumliche Denken anzuregen und das Vorstellungsvermögen zu fördern.

Besonders wichtig waren uns ein wissenschaftlicher und trotzdem allgemeinverständlicher Schreibstil.
Auf Formeln, obwohl wir diese sonst gerne verwenden, haben wir komplett verzichtet.

Wenn wir einen Terminus (= lat.: Fachwort, Fachbegriff) verwendet haben, wird er, wie oben beschrieben, in Klammern erklärt.

In Klammern und in *Kursivschrift* ist immer der wissenschaftliche Name einer Art genannt.
Dieser ist immer auf lateinisch, darauf hat sich die internationale Wissenschaft geeinigt.

Quellen werden in Klammern und Zahlen in Fettschrift gekennzeichnet. ( )

Drei Dinge sind uns aus dem Paradies geblieben: Sterne, Blumen und Kinder.

(Dante Alighieri 1265-1321)

Wir meinen, die Schmetterlinge gehörten auch noch als viertes Ding dazu.

Inhaltsverzeichnis:

Astronomie

Warum ist der Nachthimmel dunkel?
Dies ist keine dumme Frage.
Schon 1823 beschäftigte sich der Arzt und Astronom
Heinrich Wilhelm Olbers mit diesem Gedanken.
Es geht um die Frage: „Ist das Weltall endlich oder
unendlich groß?"
Wenn das Universum unendlich groß ist, wenn es seit
Ewigkeiten existiert, und wenn die Verteilung der
Sterne gleichmäßig ist, dann müsste der Nachthimmel
hell sein.

Warum? Zum einfacheren Verständnis nehmen wir
eine Analogie (= ähnlicher Sachverhalt).
Wir stellen uns einen Wald vor, in den wir
hineinblicken. Dort gilt, dass zwischen zwei
beliebigen Bäumen garantiert ein weiterer Baum steht,
wenn der Wald nur groß genug ist.
Jetzt ersetzen wir die Bäume durch Sterne.
Die Intensität des Lichts der Sterne nimmt im Quadrat
des Abstandes ab (Entfernungsgesetz). Dies wird
jedoch mehr als ausgeglichen durch die Zunahme der
Anzahl der Sterne im dreidimensionalen Raum in der
dritten Potenz.

Das bedeutet, dass in einem unendlichen Universum zwischen zwei Sternen garantiert ein weiterer Stern stände, der auch genügend Leuchtkraft hätte, um von uns beobachtet werden zu können.
Die Wirklichkeit sieht jedoch anders aus:
Selbst wenn man durch sehr starke Teleskope blickt, sieht man nicht nur Sterne und
Galaxien (= große Ansammlungen von Sternen), sondern auch dunklen Raum dazwischen.
Dies führt zu drei Überlegungen:

1. Das Weltall ist nicht unendlich groß.
Man sieht nur eine endliche Anzahl
von Sternen und Galaxien.
2. Das Weltall ist nicht unendlich alt.
Es erreicht uns nur das Licht von Galaxien, das eine begrenzte Zeit lang unterwegs war.
3. Es könnte dunkle Materie geben.
Diese „verdeckt" dahinterliegende Galaxien.
Das Licht der Sterne wird absorbiert
(= verschluckt).

Wie soll man sich ein endlich großes und nicht ewiges Universum vorstellen? Durch Beobachtungen mit dem Weltraum-Teleskop Planck wissen wir, dass das Universum tatsächlich ein bestimmtes Alter hat: ca. 13,8 Milliarden Jahre.

Dies kann man durch Extrapolation (= Hochrechnen) der Fluchtgeschwindigkeit des Alls berechnen. Dazu kommen wir aber später.

Aufbau des Weltalls

Um alles weitere zu verstehen, müssen wir etwas über den Aufbau des Universums erfahren.
Das heutige kosmologische Modell geht von einem gleichförmigen Universum aus. Das heißt, auch wenn man in ferne Weiten reist, ändert sich nichts am allgemeinen Aufbau.
Man findet überall Galaxien, die gleichförmig im All verteilt sind. Man schätzt die Anzahl der Galaxien auf ca. 900 Milliarden (Hubble-Weltraum-Teleskop, 2025). Es könnten aber auch gut wesentlich mehr sein. Ich verwende in der Wissenschaft gerne den Begriff ca. (= circa, ungefähr), weil man vieles noch nicht exakt weiß. Das ist typisch für die Wissenschaft, die sich ständig weiterentwickelt und selbst korrigiert.
Jede dieser Galaxien ist eine „Milchstraße", so wie unsere eigene.
Unsere Galaxis enthält ca. 100 Milliarden Sterne, es gibt aber auch viel größere Galaxien.
Unsere Sonne ist einer dieser Sterne, wir befinden uns am Rand dieser mittelgroßen Spiralgalaxie.
Es gibt auch Galaxien in anderen Formen, siehe

hierzu Lehrbücher der Astronomie.

Ein Stern wie unsere Sonne besitzt mehrere Planeten, das sind Himmelskörper, die nicht selbst leuchten und die auf Bahnen um diese Sonne kreisen.

Diese Bahnen haben eine elliptische Form, die Sonne befindet sich in einem der beiden Brennpunkte der Ellipse.

Unsere Planeten heißen von sonnennächsten zum sonnenfernsten:

Merkur, Venus, Erde, Mars, Jupiter, Saturn, Uranus und Neptun.

Merkvers: „**M**ein **V**ater **e**rklärt **m**ir **j**eden **S**onntag **u**nsere **N**atur."

Planeten wiederum können von Monden umrundet werden. Die Erde besitzt genau einen Mond.

Der Jupiter als größter Planet unseres Sonnensystems hat bisher 95 entdeckte Monde (Stand 2023).

Man hat inzwischen viele weitere Planeten (z.B. Kepler-442 b) außerhalb unseres Sonnensystems gefunden, deshalb geht man davon aus, dass das Weltall überall ähnlich aufgebaut ist. Es ist durchaus möglich, in einer anderen Galaxie Planeten zu finden, die erdähnlich sind und uns als alternative Heimat dienen könnten, wenn da nicht das Problem der großen Entfernungen wäre!

Mit unseren bisherigen Raketenantrieben erreichen wir den Mond in ca. drei Tagen, den Mars in ca. 6-9

Monaten, was von seiner Stellung zur Erde abhängt, die sich je nach Position in der Umlaufbahn ändern kann.

Die Entfernung Sonne-Erde wird als astronomische Einheit (= AE) bezeichnet und beträgt ungefähr 150 Millionen Kilometer.

Für eine AE braucht das Licht nur ca. 8,3 Minuten. Noch größere Entfernungen werden in Lichtjahren gemessen. Das Lichtjahr ist keine Zeitangabe, wie man vielleicht denken könnte, sondern die vom Licht in einem Jahr zurückgelegte Strecke. Da sich Licht unheimlich schnell ausbreitet, mit ca. 300.000 Kilometern pro Sekunde (!), beträgt ein Lichtjahr unglaubliche 9,46 Billionen Kilometer.

Die Lichtgeschwindigkeit wird mit c (lat.: celeritas = Schnelligkeit) abgekürzt.

Die Voyager-Sonden I + II (Start im Jahr 1977) sind bisher ca. 150 AE weit geflogen und haben damit das Ende unseres Sonnensystems noch nicht erreicht. Das sind 48 Jahre Flugzeit bisher (Stand 2025). Sie sind mit ca. 61.200 Kilometern pro Stunde die schnellsten von Menschenhand geschaffenen Objekte. Sie würden mit ihrer Geschwindigkeit von umgerechnet 17 Kilometern pro Sekunde ca. 17.600 Jahre benötigen, um ein Lichtjahr zurückzulegen. Diese lange Zeitspanne lässt sich nur mit Generationen-Raumschiffen bewältigen.

Der sesshafte *Homo sapiens* (= weise Mensch)

existiert vergleichsweise erst seit 10.000 Jahren.
Zu allem Überfluss ist die nächste Sonne, d.h. der
Stern Alpha Centauri, ca. 4,3 Lichtjahre entfernt.
Ihn würden wir erst in 75.000 Jahren erreichen.
Ionenantriebe in Raumschiffen könnten diese Zeiten
verringern. Sie wären aber immer noch wesentlich
länger als ein Menschenleben.
Die nächste Galaxie ist die Andromeda-Galaxie.
Sie ist 2,5 Millionen Lichtjahre entfernt und
spiralförmig aufgebaut.
Die am weitesten entfernten Galaxien sind etwa
13,5 Milliarden Lichtjahre von uns entfernt.
Selbst mit einer tausendfachen
Überlichtgeschwindigkeit würde die Reise dorthin
13,5 Millionen Jahre dauern.
Das Weltall ist also nicht nur groß, es ist unvorstellbar
groß...

Gibt es außerirdisches intelligentes Leben?

Im amerikanischen Film „Contact" aus dem Jahr 1997
fragt ein Mädchen ihren Vater, ob es da draußen im
Weltall außer uns Menschen intelligentes Leben gäbe.
Er antwortet: *„Keine Ahnung. Aber ich würde sagen,
wenn wir die einzigen sind, ist das eine ziemliche
Platzverschwendung."* (Zitat Ende)

Nach den Gesetzen der Statistik ist es jedoch sehr wahrscheinlich, dass es bei so vielen Galaxien, bei so vielen Sonnen, bei so vielen erdähnlichen Planeten anderswo intelligentes Leben geben müsste.

Leider haben alle das gleiche Problem, nämlich die riesigen Entfernungen, die das Besuchen anderer intelligenter Lebensformen so schwierig machen. Raumfahrt zu fernen Galaxien könnte also immer illusorisch bleiben, es sei denn, es gäbe in der Zukunft die Möglichkeit der Überlichtgeschwindigkeit oder der Reise durch Wurmlöcher. Wurmlöcher sind quasi Abkürzungen durch die vierte Dimension.

Es wird vermutet, dass es neben den drei bekannten Dimensionen (Länge, Breite, Höhe) eine vierte Dimension geben könnte, die mit der Zeit zu tun hat. Im Kapitel Physik wird später die physikalische Größe Zeit ausführlich erörtert.

Die SETI-Forschung (= Suche nach extraterrestrischer Intelligenz), die auch den Hintergrund zu dem Film „Contact" bildet, stellt eine Möglichkeit dar, Kontakt aufzunehmen, indem man Nachrichten versendet. Elektromagnetische Wellen, zum Beispiel Funkwellen, reisen mit Lichtgeschwindigkeit. Mit Radioteleskopen könnte man Signale von außerirdischen Zivilisationen empfangen. Leider war diese Suche trotz intensiven Bemühungen bisher erfolglos. Außerirdische Zivilisationen können nur dann Kontakt zu uns aufnehmen, wenn sie mindestens die gleiche technologische Stufe haben.

Das Zeitfenster ist allerdings eng. Vor 200 Jahren hätten wir Radiowellen noch nicht empfangen können, in weiteren 200 Jahren wird es vermutlich Technologien geben, die fortschrittlicher sind.

Kosmologische Theorien

Man hat ferner beobachtet, dass sich alle Galaxien auseinander bewegen. Weiter entfernte Galaxien bewegen sich dabei schneller von uns weg als Galaxien, die uns näher gelegen sind.
Wir sind aber nicht der Mittelpunkt des Universums, sondern dieses Phänomen ließe sich von überall im Weltall beobachten.
Man kann sich das gut so vorstellen, dass man die Galaxien auf einen großen Ballon aufmalt und diesen aufbläst. Nimmt man eine beliebige Galaxie als Ausgangspunkt, scheinen sich alle anderen von dieser weg zu bewegen.
Je weiter entfernt sie liegen, desto größer ist die Fluchtgeschwindigkeit (Expansionstheorie).
Diese Beobachtung führte zum Modell der Urknalltheorie: Was auseinander fliegt, muss auch einmal zusammen gewesen sein.

Die ganze Masse und Energie in einem Punkt vereint, nennt man Singularität.

Zuvor galten Theorien, die von einer Unveränderlichkeit des Universums ausgingen.

Die Entdeckung der Hintergrundstrahlung war der wichtigste Beleg für diese Urknalltheorie.

Die kosmische Mikrowellen-Hintergrundstrahlung wurde bereits 1933 vorhergesagt, aber erst 1964 eher zufällig entdeckt. Sie ist ein Hinweis dafür, dass sich das frühe Universum durch Ausdehnung stark abgekühlt hat. Die Hintergrundstrahlung hat jetzt nur noch eine Temperatur bzw. Energiedichte von drei Kelvin, das entspricht <u>minus</u> 270,15 Grad Celsius.

Da sich die Galaxien immer schneller bewegen, je weiter entfernt sie von unserer Galaxie sind, wird vermutet, dass die Geschwindigkeit in maximaler Entfernung von uns annähernd der Lichtgeschwindigkeit entspricht.

Wir könnten deshalb diese entfernten Galaxien nie einholen oder dorthin gelangen! Das heißt, die Grenze des Weltalls, das sich mit Lichtgeschwindigkeit ausdehnt, ist für uns Menschen unerreichbar, obwohl das All zu jedem bestimmten Zeitpunkt eine endliche Größe hat. Das Weltall ist für uns Menschen unbegrenzt und hat doch eine endliche Größe.

Vielleicht ist es so, dass sich unsere dreidimensionale Welt in einer vierdimensionalen ausdehnt und dass an dieser Grenze quasi Raum und Zeit erzeugt werden. Dies ist jedoch nur eine Annahme.

Ich bringe wieder zum besseren Verständnis eine zweidimensionale Analogie: Wenn wir uns Seefahrer vor 3.000 Jahren vorstellten, die nichts von der Kugelform der Erde wüssten, wären die Meere für sie unbegrenzt, aber nicht unendlich groß. Wir als Menschen der Aufklärung wissen natürlich, dass eine Kugel eine endlich große Oberfläche hat. Wegen dieser Endlichkeit des Universums in Bezug auf Raum und Zeit ist vermutlich auch unser Nachthimmel dunkel, um noch einmal zu den eingangs erwähnten Gedanken zurückzukehren.

Allerdings könnte auch „Dunkle Materie" zu diesem Phänomen beitragen. Welches Ausmaß bzw. welchen Einfluss diese hat, wird in der Wissenschaft noch diskutiert. Eine Bedeutung könnten auch „Schwarze Löcher" haben. Man versteht darunter Himmelskörper, die so schwer und dicht sind, dass die notwendige Fluchtgeschwindigkeit größer als die Lichtgeschwindigkeit ist. Dann kann nichts mehr, nicht einmal mehr Licht entweichen.

Sonnensystem

Damit auf der Erde höheres Leben entstehen konnte, mussten einige Bedingungen erfüllt sein:

- die richtige Sonnengröße
- den Jupiter als gigantischen Planeten
- unseren relativ großen Mond
- den richtigen Abstand der Erde zur Sonne
- Vorhandensein von Wasser
- Vorhandensein einer Atmosphäre

Der „glückliche" Zufall scheint dabei eine so große Rolle zu spielen: Die Entstehung höheren Lebens ist so unwahrscheinlich und die Eigenschaften der Materie sind so genau konstruiert, dass man sich schon die Frage stellen muss, ob nicht doch ein „Schöpfer" am Werk war?
Allerdings relativiert sich diese Frage, wenn man bedenkt, wie häufig solche erdähnlichen Verhältnisse im All anzutreffen sein könnten.
Leben könnte kosmologisch gesehen sehr häufig sein, intelligentes Leben ist etwas seltener, aber möglich.
Wir sind vermutlich nicht allein...

Sonne

Unsere Sonne ist ein sogenannter Zwergstern der Klasse G. Er strahlt gelblich und sein vergleichsweise mildes „inneres Feuer" erlaubt es ihm, für ca. zehn Milliarden Jahre zu leuchten und Wärme abzustrahlen. Natürlich ist im Innern eines Sterns kein herkömmliches Feuer, sondern es findet eine Kernfusion von Wasserstoffatomen zu Heliumatomen statt. Ist der Wasserstoffvorrat verbraucht, ist auch für einen Stern sein Ende gekommen. Für ihn bedeutet das, er verwandelt sich in etwas anderes, zum Beispiel in einen Neutronenstern. Ein Stern hat eine gewaltige Masse und folglich auch eine starke Gravitation (= Schwerkraft). Solange er strahlt, ist er im Gleichgewicht und behält seine gasförmige Konsistenz.

Ist die nach außen gerichtete Strahlungsenergie jedoch aufgebraucht, gewinnt die Gravitationskraft und er fällt in sich zusammen. Er kollabiert.

Es resultiert am Ende des Lebens einer Sonne ein sehr dichter und schwerer Zustand, in dem die Atomkerne aneinanderliegen. Atomkerne bestehen aus Protonen und Neutronen. Daher kommt der Name Neutronenstern. Unsere Sonne hätte als Neutronenstern nur noch einen Durchmesser von ca. 20 km.

Ein kleiner Stein eines Neutronensterns hätte dann das Gewicht des Mount Everest, des höchsten Berges unserer Erde.

Zum Vergleich: Zur Zeit hat die Sonne einen Durchmesser von 1,39 Millionen km.

Sie ist damit über hundert Mal größer als die Erde, die einen Durchmesser von etwa 12.800 km hat.

Je größer ein Stern ist, desto schneller „verbrennt" er seinen Vorrat an Wasserstoff, bei sehr großen Sternen kann das schon nach wenigen Millionen Jahren der Fall sein und solche Riesen können dann als Supernova explodieren.

Ein Stern, der zu einer Supernova wird, leuchtet für kurze Zeit so hell wie eine nahe Galaxie.

Eine Supernova-Explosion erzeugt gewaltige Mengen an Röntgenstrahlung, die einen Planeten wie die Erde unbewohnbar machen könnten, wenn die Explosion in unmittelbarer kosmischer Nachbarschaft geschähe.

Dies war bisher nie der Fall und wird wahrscheinlich auch nicht geschehen, da Supernovae seltene Ereignisse sind, die sehr weit von uns entfernt stattfinden.

Die letzten wurden in den Jahren 1987, 1604, 1572 und 1054 beobachtet.

Leben braucht für seine Entwicklung und Evolution (= biologische Veränderung) mehrere Milliarden Jahre. Insofern hat unsere Sonne genau die richtige Größe und Temperatur.

Jupiter

Der größte Planet unseres Sonnensystems ist so massereich, dass bei Fehlen der Sonne alle übrigen Planeten um ihn kreisen würden.
Er ist ein Gasplanet und wiegt 2,5 mal so viel wie alle anderen sieben Planeten zusammen. Er ist 318 mal so schwer wie die Erde.
Jupiter ist das dritthellste Objekt des Nachthimmels nach Mond und Venus. Nur selten kann der Mars geringfügig heller sein.

Man vermutet, dass ohne den schweren Planeten Jupiter sich kein höheres Leben auf der Erde hätte bilden können.
Jupiter fängt mit seiner Gravitation fast alle kleineren Kometen, Asteroiden, usw. ein, die auch auf der Erde einschlagen könnten.
Natürlich gelingt es Jupiter nicht immer, die Erde vor Schaden zu bewahren.
So wird der Einschlag eines Asteroiden auf der Erde vor ca. 66 Millionen Jahren für das Aussterben der Dinosaurier verantwortlich gemacht.

Mond

Auch unser Mond ist für die Entstehung von Leben auf der Erde verantwortlich.
Er ist so groß und so nah, dass seine Schwerkraft deutliche Wirkungen auf die Erde zeigt, indem diese z.B. auch die Gezeiten beeinflusst.
Man vermutet, dass sich das erste frühe Leben in Wassertümpeln gebildet hat, die durch Ebbe und Flut entstanden sind. Hier hatten die Bausteine des Lebens mehr Ruhe als im freien Meer und waren in höheren Konzentrationen anzutreffen.
Zucker, Eiweiße, Fette und Erbmoleküle konnten leichter zusammenkommen und komplexere Moleküle bilden.

Ob durch äußere Einflüsse, wie beispielsweise aggressive Sonnenstrahlen oder Blitze, die Teilchen müssen immer wieder miteinander reagiert haben.
Eine zufällige Kombination von Stoffen hatte dann zum ersten Mal die Eigenschaft, sich selbst zu vervielfältigen.
Das war der Beginn des Lebens.
So könnten sich vor ca. 3,8 Milliarden Jahren die ersten Bakterien entwickelt haben.

Eine andere Theorie sagt, dass das Leben durch Asteroiden auf die Erde gekommen ist, die bereits komplexere Moleküle in sich trugen.
Asteroiden sind Kleinplaneten unseres Sonnensystems, die Umlaufbahnen um die Sonne haben. Stand 2024 sind ca. 1,3 Millionen von ihnen bekannt.

Außerdem beeinflusst der Mond durch den gemeinsamen Schwerpunkt, der noch innerhalb der Erdkugel liegt, den Dynamo der Erde.
Der Erdkern besteht aus festem Eisen im inneren und flüssigem Eisen im äußeren Anteil. Er erzeugt durch Strömungen zwischen diesen Schichten ein Magnetfeld, welches den Sonnenwind abschirmt.
Der Sonnenwind besteht aus geladenen Teilchen, die die Sonne ständig abgibt.
Ohne dieses Magnetfeld, auch Van-Allen-Strahlungsgürtel genannt, gäbe es kein Leben auf der Erde.

Warum ist der Mond so groß im Verhältnis zur Erde?
Theia ist ein hypothetischer (= angenommener) Planet, der vor ca. 4,5 Milliarden Jahren mit der Erde kollidierte (= zusammenstieß). Die beim Einschlag entstandenen Bruchstücke sollen den Mond gebildet haben.

Erde

Der Abstand der Erde von der Sonne ist genau richtig. Dadurch ist es auf unserem Planeten nicht zu kalt und nicht zu warm.

Ein mittlerer Temperaturbereich sorgt außerdem für flüssiges Wasser, die Grundbedingung für die Entstehung von Leben.

Die etwas näher zur Sonne gelegene Venus ist eine Hitze-Hölle, der etwas weiter entfernt gelegene Mars ist ein frostiger Planet.

Nur die Erde befindet sich in der sogenannten habitablen (= bewohnbaren) Zone.

Die Erde hat auch die richtige Größe und das richtige Gewicht. Wäre sie leichter, könnte sie unsere Atmosphäre nicht halten.

Wäre sie schwerer, wäre Fortbewegung sehr mühsam.

Hätte sie die zweifache Masse, wären alle Lebewesen durch die Gravitation doppelt so schwer.

Die Fähigkeit des Fliegens hätte sich wahrscheinlich nie entwickelt.

Wasser

Wasser ist zwingend notwendig für das Leben, wie wir es kennen.

Der Mensch besteht zum Beispiel zu ca. 70% aus Wasser.

Die Kohlenstoff basierte organische Chemie hat Wasser in unzähligen Reaktionen als Ausgangsstoff oder Endprodukt.

Wasser ist ein ganz besonderes Molekül (= mehratomige Teilchen).

Es hat faszinierende Eigenschaften wie zum Beispiel sein flüssiger Aggregatzustand in einem Temperaturbereich von Null bis hundert Grad Celsius bei normalem Luftdruck. Die meisten Stoffe sind in diesem Temperaturbereich entweder fest oder gasförmig.

Die Fähigkeit des Wassers in fester Form Eis zu bilden, das leichter ist als seine flüssige Form, ist eine einmalige Eigenschaft. Deshalb schwimmt Eis auf Wasser. Alle anderen bekannten Stoffe sind im Festzustand schwerer als im Flüssigzustand.

Dadurch gefrieren Meere und Seen bei Minusgraden nie völlig zu. Die Temperatur am Grund eines tiefen Gewässers beträgt immer plus vier Grad Celsius, weil Wasser an diesem Punkt seine größte Dichte hat und damit tatsächlich etwas schwerer als noch kälteres und erst recht als wärmeres Wasser ist. Bei vier Grad richten sich die Wassermoleküle in einer äußerst kompakten Form gegenseitig aus.

Dies bedeutet, dass sämtliche im Wasser lebenden Organismen nur überleben können, weil sie bei Minustemperaturen nicht festfrieren, wenn sie sich am Grund des Gewässers aufhalten.

Durch seine Wasserstoffbrückenbindungen zwischen den Wassermolekülen, die sich leicht lösen lassen und sofort wieder verbinden, sind Schwimmbewegungen im Wasser erst möglich.

Durch die Oberflächenspannung wird die Tropfenbildung ermöglicht.

Ohne diese Eigenschaft gäbe es keinen Regen.

Außerdem hat Wasser eine der höchsten Wärmespeicherkapazitäten. Dies ist für das globale Klima immens wichtig.

Wasser ist uralt, das heißt Milliarden Jahre.

Man vermutet, dass unser Planet sein Wasser über Wasser tragende Asteroiden bekommen hat.

Das einzelne Wasser-Molekül an sich ist in freier Natur unzerstörbar und frisch wie am ersten Tag.

Man kann davon ausgehen, dass jeder Tropfen Wasser schon durch Millionen von Mündern geflossen ist.

Selbstverständlich floss unser Wasser auch durch die Rachen der Dinosaurier.

Luft

Vom Weltall aus betrachtet ist die Erdatmosphäre, also die Luft, die uns umgibt, verschwindend dünn.
Man kann sie mit der Dicke der Hülle eines aufgeblasenen Luftballons zu dessen Volumen vergleichen.
Trotzdem bedeutet sie uns alles. Ohne Luft gäbe es kein Leben.
Die Atmosphäre schirmt kleinere Meteore und Weltraumstrahlung ab.
Luft auf der Erde besteht hauptsächlich aus: Stickstoff (78%), Sauerstoff (21%), Argon (0,9%), Kohlendioxid (0,04%), Wasserdampf (0,04%) und weiteren Gasen in Spuren.
Sauerstoff ist für die Atmung der Tiere lebensnotwendig, Kohlendioxid für die Photosynthese und das Wachstum der Pflanzen.
Die Erde ist so groß und so schwer, dass sie eine Atmosphäre halten kann.
Der im Vergleich zur Erde etwas kleinere Mars hat bis auf ein paar Reste seine ursprüngliche Atmosphäre verloren. Die Venus, die eine ähnliche Größe wie die Erde hat, besitzt eine sehr dichte Atmosphäre, die zu 96% aus Kohlendioxid besteht. Dort herrschen durch den Treibhauseffekt Temperaturen von über 460 Grad Celsius.

Physik

Weltformel

Der Nobelpreis für Physik wäre dem sicher,
der die „Weltformel" findet.
Man versteht darunter die Zusammenführung der vier
Grundkräfte in einer Formel.
Es handelt sich dabei um die Gravitationskraft, die
Elektromagnetische Kraft, die starke Wechselwirkung
und die schwache Wechselwirkung.
Die große vereinheitlichte Theorie der Physik
ist schon beschrieben worden, sie betrifft aber nur die
drei letzten Wechselwirkungen.
Die Einbindung der Gravitation bereitet immer noch
Schwierigkeiten.
Worum geht es?
Es geht um die Vereinigung des ganz Großen mit dem
ganz Kleinen.
Wenn man sich die Bewegung der Planeten um die
Sonne betrachtet, hat das eine gewisse Ähnlichkeit
mit dem Aufbau von Atomen.
Im Atom bewegen sich Elektronen um den Atomkern.
Beide Male bewegen sich also Körper oder Teilchen
um ein größeres in der Mitte.
Im Weltall werden die Planeten durch die

Gravitationskraft auf ihren Bahnen um die Sonne gehalten.

Im Atomkern geschieht das durch die Elektromagnetische Kraft, die zwischen positiv und negativ geladenen Teilchen wirkt.

Positiv geladen ist das Proton im Atomkern, negativ geladen sind die Elektronen in der Wolke um diesen.

Die Theorien, die „das Große" beschreiben, nennt man Newtonsches Gravitationsgesetz und Allgemeine Relativitätstheorie, die für „das Kleine" nennt man die Quantenelektrodynamik.

Die starke und die schwache Wechselwirkung spielen insofern eine Sonderrolle, da wir sie nicht unmittelbar spüren können und sie sich im „ganz Kleinen" abspielen.

Die Gravitation können wir gut erfahren durch das Gewicht der Dinge, die Elektromagnetische Kraft wird uns zum Beispiel an einem Magneten erfahrbar.

Die schwache Wechselwirkung erklärt die Radioaktivität und die starke Wechselwirkung erklärt die Kräfte in einem Atomkern.

Wenn es so etwas wie eine Quantengravitation gäbe, könnte es gelingen, so unterschiedliche Kräfte in einer Formel zu beschreiben.

Dies wäre nicht nur für die Physik ein Durchbruch, sondern auch für die Erklärung der Welt im Allgemeinen.

Gedanken über die Zeit

Eigentlich weiß jeder, was die Zeit ist, da man sie mit Uhren messen kann. Und doch ist die Zeit ein Mysterium (= Geheimnis). Das wurde schon vorher klar, als es hieß, sie könnte die vierte Dimension sein. Da Menschen dreidimensionale Wesen sind, können wir uns das nicht vorstellen. Formeln und Berechnungen weisen aber in diese Richtung.

Unser Zeitbegriff ist uns vom Kosmos vorgegeben: Die Umdrehung der Erde um die eigene Achse ist ein Tag, die Umdrehung des Mondes um die Erde fast genau ein Monat, die Umdrehung der Erde um die Sonne ein Jahr. Die Zeit hat immer nur eine Richtung. Sie weist nach vorne, in die Zukunft. Das wird als Zeitstrahl bezeichnet, und ist ein Naturgesetz. Es hat mit der Entropie zu tun, dieser Begriff wird später noch erläutert. Wir sind alle Zeitreisende, allerdings nur in die Zukunft! Reisen in die Vergangenheit sind nie möglich und werden auch nie möglich sein. Das sieht man allein schon daran, behaupten wir, dass man noch nie von Zeitreisenden aus der Zukunft gehört hat. Stellen wir uns doch einmal vor, das wäre möglich! Reisen in die Vergangenheit wären doch so attraktiv, dass sie millionenfach in Anspruch genommen würden. Und da die Zukunft doch fast unbegrenzt lange dauert, müsste es Myriaden (= unzählbare Mengen) von Zeitreisenden geben.

Da man jedoch von diesen noch nie etwas gehört hat, ist es sehr wahrscheinlich, dass es in Zukunft die Erfindung einer Zeitmaschine für Reisen in die Vergangenheit nie geben wird.

Es hätte auch unabsehbare Folgen.

Die Existenz eines jeden Menschen ist die genau definierte Folge von hunderten direkter Vorfahren, also Eltern, Großeltern, Urgroßeltern, usw.

Wenn man bedenkt, dass deine Vorfahren vor nur 80 bis 100 Generationen zu Zeiten der Römer und Christus Geburt gelebt haben!

Wenn einer dieser Ahnen vor dem zeugungsfähigen Alter gestorben wäre, gäbe es uns nicht.

Das Risiko einer Zeitreise in die Vergangenheit wäre tatsächlich immens groß, dass durch ein Unglück, einen Todesfall, d.h. eine Einmischung von außen, genau dies passieren würde.

Dann würde sämtliche bis dahin geschehene Historie implodieren (= in sich zusammen stürzen).

Zeit ist übrigens relativ. Sie läuft langsamer ab, wenn sich jemand schnell bewegt. Dies beschreibt die spezielle Relativitätstheorie von Albert Einstein. Er war einer der intelligentesten Menschen, die je gelebt haben. Bedeutung hat diese Theorie jedoch nur bei sehr hohen Geschwindigkeiten.

Bei Lichtgeschwindigkeit (= c) steht die Zeit quasi still. Dadurch sind Zeitreisen in die Zukunft denkbar, wenn man sich sehr schnell, sagen wir einmal mit 10% von c bewegt.

Das ist mit den heutigen Raketenantrieben natürlich in keinster Weise zu erreichen.

Ein Astronaut wäre auf einer für ihn zehn Jahre dauernden Reise in seinem Raumschiff zehn Jahre gealtert. Dabei hätte er ein Lichtjahr (siehe vorheriges Kapitel) zurückgelegt. Die Menschheit auf der Erde hingegen wäre 100 oder noch mehr Jahre gealtert.

Er käme zurück, wäre in der Zukunft und würde niemanden mehr kennen. Das ist doch traurig, oder?

Mit heutigen Atomuhren ist die Zeit sehr präzise zu messen. Sie haben eine Abweichung von einer Sekunde nach 300 Millionen Jahren! **(1)**

Mit dieser Präzision war auch die spezielle Relativitätstheorie zu beweisen.

Atomuhren, die sich auf einer länger dauernden Umlaufbahn um die Erde befanden, gingen tatsächlich etwas nach.

Diesen Unterschied stellte man fest, als man eine zeitgleiche Atomuhr auf der Erde mit der in einer Raumstation, der ISS (= International Space Station) verglich.

Entropie

Die Entropie ist eine physikalische Größe, die den Ordnungszustand beschreibt.
Die Entropie nimmt zu, je unordentlicher etwas ist.
Entropie kann nicht vernichtet werden.
Das Anwachsen der Entropie definiert in der Physik die Richtung der fortschreitenden Zeit.
Nach dieser trockenen Einführung zwei Beispiele zum besseren Verständnis.
1. Stellen wir uns ein Passagierflugzeug vor, das auf einem Schrottplatz in der Wüste abgestellt wurde und nicht mehr in Betrieb ist. Was passiert im Laufe der Zeit?
Es fällt auseinander und löst sich in seine Einzelteile auf. Die Entropie nimmt zu. Physikalisch sehr unwahrscheinlich wäre der entgegengesetzte Vorgang, dass sich die Einzelteile wieder zu einem voll funktionstüchtigen Flugzeug zusammensetzen.
2. Wenn eine Vase vom Tisch fällt und zerbricht, kann man diesen Vorgang filmen. Lässt man den Film rückwärts ablaufen, sieht man etwas, was es wegen der Entropie in Wirklichkeit nie geben würde: Die Bruchstücke fliegen hoch und setzen sich zur Vase zusammen. Das geht im Film, aber nicht in der Realität, weil man die Zeit nicht rückwärts laufen lassen kann, siehe das letzte Kapitel.

Grenzbereiche

Es gibt in der Physik zwei Grenzbereiche, die wir bisher nicht erreichen können. Die eine ist die Lichtgeschwindigkeit (ca. 300.000 km/Sek.), die andere ist der absolute Nullpunkt (−273,15 Grad Celsius Temperatur = Null Grad Kelvin).
Man könnte es so definieren, dass die Lichtgeschwindigkeit reine Energie ohne Masse ist, der absolute Nullpunkt entsprechend reine Masse ohne Energie darstellt.
Um eine Masse auf Lichtgeschwindigkeit zu beschleunigen, müsste man nach physikalischen Gesetzen unendlich viel Energie zuführen. Ähnliches gilt für den absoluten Nullpunkt.
Wikipedia erklärt es so: „Nach dem dritten Hauptsatz der Thermodynamik können reale Systeme den absoluten Nullpunkt nicht erreichen. Allerdings können Temperaturen sehr nahe am absoluten Nullpunkt bereits realisiert werden. Mittels Laserkühlung konnten Proben schon bis auf wenige Milliardstel Kelvin abgekühlt werden." (Zitat Ende)
Vielleicht ist es hilfreich, wenn junge Physiker in der Zukunft über diese Beobachtungen noch einmal nachdenken…

Große und kleine Zahlen

Im den vorherigen Kapiteln habe ich teils große oder kleine Zahlen verwendet. Eine Billion sind tausend Milliarden. Eine Billion Euro in 50-Euro-Scheinen könnten nebeneinander, wenn jeder Schein 14 cm lang ist, fast sieben Mal von der Erde bis zum Mond (380.000 km Abstand) gelegt werden. Ob das wohl stimmt? Rechnet es nach!

Übersicht der großen Zahlen:

Tera	=	1 Billion
Giga	=	1 Milliarde
Mega	=	1 Million

Übersicht der kleinen Zahlen:

Mikro	=	1 Millionstel
Nano	=	1 Milliardstel
Piko	=	1 Billionstel

Wäre der Mensch nur einen Nanometer groß, hätte die gesamte Menschheit auf einem Daumennagel Platz und könnte sogar noch tanzen...

Geologie

Die frühe Erde

Die Erde ist ca. 4,6 Milliarden Jahre alt.
Sie entstand als eine feurige Kugel aus glühendem, geschmolzenen Gestein, umgeben von heißen und giftigen Gasen.
Im Alter von ca. vier Milliarden Jahren kühlte sie ab und bildete eine feste Kruste.
Nachdem die Erde abgekühlt war und sie der wahrscheinlichsten Theorie nach durch Asteroideneinschläge mit Wasser versorgt wurde, konnten sich Meere und Ozeane bilden. Durch die sinkenden Temperaturen auf der Erdoberfläche konnte sich dieses Wasser ansammeln und verdampfte nicht gleich wieder. Diese Erdkruste ist auch heute bei weitem nicht so fest wie wir denken.
Sie ist nur ca. 35 km mächtig, und somit im Vergleich zum Radius der Erde (6.371 km) sehr dünn. Unter der Kruste befindet sich schon das brodelnde Magma.
Die Konvektion (= Strömungstransport) des oberen Erdmantels bewegt die Kontinentalkruste und erzeugt auch heute noch Vulkanismus und Erdbeben.
Diese kommen vor allem dort vor, wo Kontinentalschollen aneinanderstoßen.

Vulkanismus

Die meisten Berge und Hügel unserer Erde sind vulkanischen Ursprungs, auch wenn sie längst erloschen sind. Ein Großteil der aktiven Vulkane bildet den sog. pazifischen Feuerring. Der Name erklärt sich aus seiner Lage, nämlich den Zonen und Ländern, die den Pazifik umschließen. Hier bewegt sich die Pazifische Platte gegen andere Kontinentalplatten. Es folgt eine Liste der bekanntesten Vulkane mit ihrem historisch bedeutsamsten Ausbruch (Name und Jahreszahl in Klammern). So finden sich Vulkane vom nördlichen Pazifikraum von der russischen Halbinsel Kamtschatka über die Alëuten und Alaska (Augustine 1883) bis zur Westküste der USA (Mount St. Helens 1980). Weiter geht es über Mexiko (Popocatépetl 800) entlang der Westküste Südamerikas über die Anden mit der höchsten Vulkandichte der Erde, beispielhaft Chile (El Misti 1438). Dann im Südpazifik Indonesien (Krakatau 1883), die Philippinen (Pinatubo 1991) und mit Japan (Fuji 1707) im westlichen Pazifikraum schließt sich der Kreis.
Natürlich finden sich auch im Mittelmeer Vulkane, weil die nordwärts wandernde Afrikanische Platte unter die Eurasische Platte abtaucht. Beispiele sind in Italien: (Vesuv 79) und (Ätna 1669, 1928).

Paläontologie

Die Entwicklung des Lebens ließ sich erst mal Zeit: Milliarden Jahre passierte nichts.
Was dann geschah, ist nicht genau bekannt.
Es mögen sich die ersten Bakterien an heißen Unterwasserschloten oder in kleinen Gezeiten-Tümpeln gebildet haben.
Hydrothermale Quellen sind auch heute noch in der Tiefsee Oasen von Leben, das sich unabhängig vom Sonnenlicht entwickelt hat.
Basis dafür ist die bakterielle Nutzung des Schwefelwasserstoffs zur Energiegewinnung, der aus den sog. „Schwarzen Rauchern" austritt.
Schwarze Raucher sind kaminartige, vulkanische Heißwasserquellen, die u.a. rauchartige, schwarze Metallsulfide ausstoßen.
Bakterien waren definitiv die ersten Lebewesen, denn sie sind extrem anpassungsfähig und vollziehen durch ihre schnelle Fortpflanzungsrate die Evolution in Zeitraffer. Zum Beispiel hat das menschliche Darmbakterium *Escherischia coli* unter Laborbedingungen eine Teilungsrate von etwa 20 Minuten.
Die ersten Bakterien der Urzeit waren vermutlich Blau-Grün-Bakterien (Cyanobakterien) und sie taten

etwas sehr Wichtiges:

Sie stellten als Abfallprodukt Sauerstoff her, der bislang in der Atmosphäre fast gar nicht vorkam.

Bakterien sind Einzeller. Ihnen fehlt jedoch etwas sehr Bedeutsames, was die Zellen höheren Lebens auszeichnet: Ein Zellkern.

Warum ist der Zellkern so wichtig?

Er enthält den größten Teil des genetischen Materials in Form von mehreren Chromosomen.

Die ersten echten Einzeller mit Zellkern hatten gegenüber den Bakterien den Vorteil, dass sie ihre Struktur und ihren Aufbau viel komplexer organisieren konnten. Die umfangreiche Bauanleitung hierzu war in den Chromosomen gespeichert.

Dann kam der Clou der Evolution, der die Leistungsfähigkeit der Zelle verzehnfachte.

Was ist passiert?

Vor sehr langer Zeit nahm ein Einzeller ein Bakterium in sich auf. Nicht um es zu fressen, sondern um es für sich als wichtigen Zellbestandteil künftig arbeiten zu lassen.

So entstanden die Mitochondrien, die Kraftwerke der Zelle.

Mitochondrien regenerieren über die Atmungskette das energiereiche Molekül Adenosintriphosphat (ATP).

Nun fand auch der reichlich in der Atmosphäre und im Wasser gelöste Sauerstoff seine Verwendung.

Von nun an war die Zelle als Ursprung höheren Lebens viel leistungsfähiger und die Entwicklung des Lebens explodierte.
Aus Einzellern wurden Vielzeller und diese entwickelten sich zu den mannigfaltigsten Formen.

Vor ca. 550 Millionen (im weiteren Mio. abgekürzt) Jahren entwickelte sich aus den primitiven Lebensformen eine enorme Artenvielfalt.
Diese als Ediacara-Fauna bezeichneten Lebensformen waren hauptsächlich komplexere Algen, Schwämme, Pilze, Flechten, Würmer (?) und gehörten zu den frühesten gefundenen Fossilien.
Es ist ein Wunder, dass so zarte Strukturen überhaupt Fossilien bilden und nach so langer Zeit gefunden werden konnten.
Vermutlich lebte diese Meeres-Flora und Meeres-Fauna noch friedlich nebeneinander und ernährte sich durch Photosynthese und Verwertung abgestorbener Zellen.
Doch schon kurze Zeit später im Erdzeitalter des Kambrium (vor ca. 540 bis 485 Mio. Jahre) gab es enorme Entwicklungsschübe in der Natur und bei einigen Lebewesen. Es entwickelten sich beispielsweise Kiefer, es entstanden die ersten Karnivoren (= lat.: Fleischfresser) und es wurden Panzer und Schalen zum Schutz gegen diese ausgebildet.

In diesem Zeitalter entstanden fast alle heute im Meer existierenden Tierstämme.

Die weitere Entwicklung lässt sich so beschreiben: Grünalgen waren bereits im Kambrium und im Ordovizium verbreitet. Erst die Besiedlung des Landes durch Mykorrhizapilze ebnete Pflanzen den Weg auf das Land, weil die Pilze ihnen die Aufnahme von Phosphaten als Quelle wichtiger Eiweißbausteine ermöglichten.

Im Gegenzug dafür erhielten die Pilze Glukose als universelles Futter, Energieträger und Baustoff.

Dies ist wohl die wichtigste Symbiose in der Natur.

Unter **Symbiose** versteht man das Zusammenleben von Lebewesen verschiedener Arten zum gegenseitigen Nutzen.

Die ersten Pflanzen an Land vor ca. 500 Mio. Jahren waren einfache Moose. Dann folgten vor allem Farne, Schachtelhalme und Bärlappgewächse.

Insekten erschienen vor ca. 400 Mio. Jahren im Erdzeitalter des Devon.

Durch diese Entwicklung wurde das trockene Land vor ca. 380 Mio. Jahre auch für Amphibien attraktiv. Denn ihre Fressfeinde, die Fische, mussten im Wasser bleiben.

Reptilien mit ihrer festen, mit Hornschuppen bedeckten Haut, eroberten vor ca. 315 Mio. Jahren im Karbon die Kontinente.

Der Siegeszug der Dinosaurier begann vor ca. 235 Mio. Jahren im Trias und endete vor ca. 66 Mio. Jahren in der Kreide. Dieser wichtigen Epoche habe ich ein eigenes Kapitel gewidmet, das im Anschluss folgt.

Die ersten Vögel, die freilich „nur" Baumspringer mit Federn waren, werden ins Zeitalter Jura (vor ca. 200 bis 145 Mio. Jahren) datiert.
Als erster echter Vogel gilt der Archaeopterix (Oberjura), dessen Schnabel noch bezahnt war.
Er gilt als „Missing Link" (= engl.: fehlendes Bindeglied).
Es war eine Sensation, als 1861 das erste Fossil gefunden wurde, das sein vermutetes Aussehen bestätigte.
Erste moderne Vögel mit zahnlosen Kiefern traten im Känozoikum (= Erdneuzeit, vor 66 Mio. Jahren bis heute) auf. Sie haben als Kennzeichen asymmetrisch geformte Federn. Erst diese ermöglichen den aktiven Flug.

Die zeitliche Datierung der ersten Säugetiere ist noch umstritten, es werden Fossilien aus Jura bis Kreide genannt.
Unsere eigene Entwicklung zur Gattung Homo begann vor ca. zwei Millionen Jahren.

Tabelle 1

Erdzeitalter der komplexeren Lebensformen
(Angaben in Millionen Jahren, aufgerundet):

Ediacarium	635 bis 542
Kambrium	541 bis 486
Ordovizium	485 bis 443
Silur	442 bis 420
Devon	419 bis 359
Karbon	358 bis 299
Perm	298 bis 252
Trias	251 bis 202
Jura	201 bis 146
Kreide	145 bis 67
Känozoikum	66 bis 0

Dinosaurier

Dinosaurier sind die bekanntesten ausgestorbenen
Tiere und zählen zu den Reptilien.
Mit heute lebenden Reptilien sind sie nicht mehr
verwandt.
Der große Unterschied ist, dass das Becken bei
Dinosauriern so konstruiert ist, dass die Oberschenkel
senkrecht nach unten gerichtet waren.
Bei Echsen, Krokodilen und Schildkröten ist das nicht
der Fall, da ihre Beine seitlich abgespreizt stehen.
Schlangen haben hingegen gänzlich auf Beine
verzichtet.
Insofern sind Dinosaurier vom Gangbild her heutigen
Säugetieren und Vögeln ähnlicher als die Gruppe der
Reptilien.
Es gibt im Prinzip zwei Bauanleitungen:
Die Saurischia (Echsenbecken-Dinosaurier) und
die Ornithischia (Vogelbecken-Dinosaurier).
Beide Beckenformen ermöglichten sowohl das
zweibeinige als auch das vierbeinige Gehen.
Vertreter der Saurischia sind die bekannten
Raubsaurier wie Tyrannosaurus oder Velociraptor.
Aber auch große langhalsige Pflanzenfresser wie
Brachiosaurus oder Diplodocus hatten diese
Beckenform.

Zu den Ornithischia gehören so bekannte Familien wie die Stegosaurier, die Ankylosauria, die Entenschnabelsaurier, die Iguanodontia und die Ceratopsia (z.B. Triceratops).

Der Iguanodon hatte übrigens die am meisten spezialisierte „Hand" im Tierreich.

Die drei mittleren Finger waren Lauffinger, der fünfte Finger war schmaler und länger und diente zum Heranziehen von Pflanzenteilen. Der erste kräftige Finger hatte ein dolchartiges Horn, das zur Verteidigung verwendet werden konnte.

Dieses Horn ist auch ein gutes Beispiel dafür, dass Wissenschaft aus der Korrektur von Irrtümern besteht.

In den ersten Darstellungen des Iguanodons wurde dieser Saurier noch als schwerfälliger Vierfüßer mit einem Horn auf der Nase illustriert.

Erst später wanderte das Horn von der Nase auf den Daumen und man zeigte ihn auf zwei Beinen stehend.

So konnte er auch höher gelegene Pflanzenteile erreichen und den Dolch effektiv einsetzen.

Wenn er Pflanzen vom Boden fraß, ließ er sich auch auf die Vorderläufe nieder, dafür waren die mittleren Finger nützlich.

Dinosaurier waren riesig, das lässt sich auch heute noch an den Skeletten in Naturkundemuseen bewundern. Dieser Gigantismus wurde durch das damalige tropische Klima, den sehr hohen Kohlendioxidgehalt der Luft weltweit und das dadurch bedingte extreme Pflanzenwachstum begünstigt.

Wahrscheinlich ist es eine evolutionäre Anpassung von Pflanzenfressern und Räubern gewesen, die sich bis zum maximal Machbaren steigerte.

Flugsaurier und Meeressaurier sind übrigens keine Dinosaurier, sondern eigene Reptilien-Gruppen.

Auch hier gab es faszinierende Exemplare wie den Quetzalcoatlus mit ca. 12 Metern Flügelspannweite oder den im Wasser lebenden Mosasaurus. Dieser hatte mit fast 1,7 Meter Länge die größten Kiefer aller damaligen Lebewesen. Heute lebende Pottwale haben etwas längere Unterkiefer mit kleineren Zähnen.

Warum sind die Dinosaurier nach einem Asteroideneinschlag vor ca. 66 Millionen Jahren ausgestorben, und warum haben die heute lebenden Reptilien überlebt?

Es wird vermutet, dass die auf den Einschlag folgende Klimaveränderung ihr Nahrungsangebot drastisch einschränkte. So dürften zuerst die großen Pflanzenfresser und dann die von ihnen abhängigen Fleischfresser ausgestorben sein.

Wahrscheinlich kam es zu einer empfindlichen Abkühlung.

Dinosaurier waren vermutlich keine wechselwarmen Tiere wie die heutigen Reptilien. Sie waren auf große Nahrungsmengen angewiesen, um ihren Energiehaushalt zu decken und Wärme zu erzeugen.

Dauerhaft in der Kälte zu überleben gelang den rezenten (= noch lebenden) Reptilien besser. Krokodile und Schildkröten leben in Gewässern und waren den eisigen Temperaturen an Land weniger stark ausgesetzt. Echsen und Schlangen konnten sich in Felsspalten und Erdhöhlen verkriechen. Außerdem waren sie als wechselwarme Tiere regelrechte Hungerkünstler. Sie konnten ihren Grundumsatz und somit ihren Energieverbrauch drastisch herunterfahren.

Es ist jedenfalls schade, dass die interessante Tiergruppe der Dinosaurier ausgestorben ist, die den Säugetieren ähnlicher war, als die heute lebenden Reptilien.

Nach neueren Forschungsergebnissen haben sie sowohl Schuppen als auch Haare und primitive Federn besessen. Es ist ihnen gelungen über Jahrmillionen in Form von Vögeln zu überleben. Wenn die Dinosaurier nicht ausgestorben wären, hätten die Säugetiere nie ihren Siegeszug bestritten und es hätte den Menschen wohl auch nicht gegeben. So hatte dieser Asteroideneinschlag Auswirkungen, die bis in die heutige Zeit reichen…

Es hat in der Erdgeschichte immer wieder Ereignisse gegeben, in denen viele Arten gleichzeitig ausstarben. Vor den Dinosauriern gab es z.B. vier weitere Massenaussterben, die sich vor allem auf die im Meer lebenden Arten auswirkten. Ursachen waren Vulkanismus, natürlicher Klimawandel und Sauerstoffmangel der Meere.

An der Schwelle zum Erdzeitalter Karbon gab es ein Massenaussterben, dem alle Ammoniten und Trilobiten zum Opfer fielen. Diese Tiergruppen sind als Fossilien heute noch häufig zu finden.

Bei den Ammoniten handelte es sich um Kopffüßer, die als Schutz ein spiralig aufgerolltes Gehäuse trugen, ähnlich wie heute die Perlboote (Nautilidae).

Bei den Trilobiten handelte es sich um meeresbewohnende, gepanzerte Gliederfüßer.

Sie haben Ähnlichkeit zu den heute lebenden Pfeilschwanzkrebsen (Limulidae).

Es wird diskutiert, ob der Mensch jetzt nicht die Ursache eines weiteren Massenaussterbens ist.

Mensch

Kapitel über die Menschheitsgeschichte zählen für mich zu den spannendsten.
Ich verzichte bewusst auf wissenschaftliche Bezeichnungen der Urmenschen (wie *Homo habilis*) und bezeichne sie einheitlich als Früh-Menschen.
Zeitlich ist diese Phase von ca. zwei Millionen bis zu 10.000 Jahren vor unserer Zeitrechnung einzuordnen.
Der Mensch weist einige Besonderheiten im Vergleich zu anderen Säugetieren auf.
Dies betrifft vor allem die Größe seines Gehirns und sein fehlendes Fell („Der nackte Affe").
Ferner zeichnet den Menschen die Verwendung von Feuer und von Waffen aus.

Gehirn

Die Größe unseres Gehirns ist die wichtigste Besonderheit des Menschen. Das Gehirn des Jetzt-Menschen wiegt ca. 1450 g (1100 bis 1800 g), das sind immerhin 2% des Körpergewichts.
Im Vergleich dazu wiegen die Gehirne von Schimpansen ca. 400 g und die von Elefanten ca. 5000 g, was etwa einem bzw. nur 0,2% des jeweiligen

47

Körpergewichts entspricht.

Die Früh-Menschen hatten noch kleinere Gehirne (600 bis 1200 g), die sich jedoch im Laufe der Menschheitsgeschichte stetig weiterentwickelten. Warum aber wurde das Gehirn des Menschen größer?

Es wurde vor allem für vier Dinge benötigt: Die Entwicklung von Sprache, motorische Fähigkeiten wie das Werfen, das Nachdenken und das Gedächtnis. Wenn man ein menschliches Gehirn von außen betrachtet, sind auch diese Teile am stärksten ausgeprägt:

Im Stirnlappen sitzt unser Denken und die Persönlichkeit, im Schläfenlappen liegt das Hör- und das Sprachzentrum.

Im Scheitellappen sind unsere motorischen und sensiblen Fähigkeiten und im Hinterhauptslappen liegt das Sehzentrum.

Kommunikation wurde im Laufe der Menschheitsgeschichte immer wichtiger.

Die Entwicklung der Sprache stärkte unser Gefühl als menschliche Gemeinschaft und sorgte auch für festere Beziehungen zwischen Mann und Frau.

Man geht davon aus, dass erst das gesprochene Wort zum liebevolleren Umgang zwischen den Geschlechtern führte.

Für das Werfen eines Steins oder eines Speers sind umfangreiche Berechnungen notwendig, die in

Sekundenbruchteilen von unserem Gehirn über Auge-Hand-Koordination geleistet werden müssen.
Erschwert wird diese Abstimmung erst recht, wenn zum Beispiel die anvisierte Beute flieht. Dies erfordert mehr Rechenleistung beim Jäger, um den Wurf trotzdem präzise auszuführen. Die Trefferquote eines Steinwurfs, z.B. zur Jagd, wurde immer besser, je mehr Gehirnzellen der Scheitellappen entwickelte. Ohne nachzudenken wären Erfindungen wie Pfeil und Bogen und vieles andere nicht möglich gewesen.
Erst durch bessere Gedächtnisleistungen entstand ein eigenes Bewusstsein, Erfahrungen konnten weitergegeben werden und Traditionen festigten sich. Jetzt konnten sich die Menschen Geschichten erzählen, was alle Kulturen praktizieren.

Was unterscheidet den Menschen grundsätzlich vom Tier?

Sein Vorstellungsvermögen über Dinge, die man nicht sieht (Abstraktionsvermögen).
Ein Bewusstwerden des eigenen Selbst (Bewusstsein).
Die Fähigkeit der Unterscheidung von gestern, heute und morgen (Zeitgefühl).
Tiere leben hauptsächlich im Hier und Jetzt.
Als dem Menschen seine Vergänglichkeit bewusst wurde, war der Zeitpunkt gekommen, Verstorbene zu bestatten. Auch dies ist bei Tieren unbekannt.

In dieser Zeitspanne dürfte sich auch der Gottesbegriff gebildet haben.

Der Glaube an eine höhere Instanz wirkte sich positiv auf die Befriedung menschlicher Aggressionen aus.

Einem Stärkeren war es fortan nicht mehr so einfach möglich, einen Schwächeren zu töten, ohne die Rache des allmächtigen Gottes zu fürchten.

Die Fiktion eines Gottes ist bei Tieren bisher unbekannt.

Auf jeden Fall war das größere Gehirn ein evolutionärer Vorteil und ermöglichte dem Menschen letztendlich die Eroberung der Welt.

Das fehlende Fell

Das Fehlen eines Fells ist eine weitere Besonderheit des Menschen unter den Säugetieren.

Felllos sind außer dem Menschen von den Landsäugetieren nur der Nacktmull.

Meeressäuger wie Wale und Delphine sind prinzipiell ohne Fell, weil sie ständig im Wasser leben.

Der Mensch hat einen Teil seiner ursprünglichen Haare an charakteristischen Stellen beibehalten.

Das Kopfhaar dient als Sonnenschutz, das Kinnhaar des Mannes schützt den Hals.

Die Körperbehaarung wurde vom Menschen nicht von jetzt auf gleich abgelegt, sondern sie wurde von

Generation zu Generation weniger.

Der Verzicht auf ein Fell hatte für den Menschen auch einen großen Vorteil: Es bot innerhalb der Haut mehr Platz für die Ausbildung von Schweißdrüsen. Diese ermöglichen es uns, uns im Falle einer drohenden Überhitzung wirksam abzukühlen. Es wird angenommen, dass er als Savannen-Jäger ohne Fell eine bessere Kühlung des Körpers erzielte.

Dies macht den Menschen zum perfekten Langstreckenläufer und Hetzjäger.

Hunde zum Beispiel können nur hecheln, aber nicht schwitzen.

Beim Gebrauch von Feuer war es ohnehin praktischer, nicht zu viele brennbare Haare zu besitzen.

Außerdem wurde ein Verlassen des Wassers einfacher, man musste nicht ständig durch Schütteln das Fell trocknen.

Der Mensch hatte schon immer eine besondere Beziehung zum Wasser.

Es fällt auf, dass menschliche Siedlungen und Städte bis auf wenige Ausnahmen an Flüssen und Seen errichtet wurden.

Der Grund ist die Verfügbarkeit von Trinkwasser.

Auch die Meeresküste wurde als Siedlungsraum sehr geschätzt.

Alle Menschen lieben es auch heute noch mit nackten

Füßen am Strand zu laufen. Es ist, als würde man das von früher her kennen.

Dies könnte man als kollektives Unterbewusstsein bezeichnen.

Und tatsächlich war die Uferzone eines Meeres für Menschen aus zwei Gründen attraktiv: Sicherheit und Nahrungsangebot.

In einer fischreichen Region wie zum Beispiel dem Roten Meer war das Wasser warm. Man konnte sich länger darin aufhalten ohne abzukühlen. Leichter als Fische lassen sich Krebse fangen und Muscheln aufsammeln.

Dazu muss man nur hüfttief im Wasser waten und gelegentlich tauchen.

Nach dem Grillen am Feuer waren diese Schalentiere auch genießbar und sogar schmackhaft.

Ein Fell ist bei längerem Aufenthalt im Wasser eher hinderlich, also wurde es bis auf wenige, noch dicht bewachsene Stellen am Kopf, abgeschafft.

Der aufrechte Gang ist sicherlich in der Savanne entstanden.

Diese Entwicklung ermöglichte es dem Menschen seine Arme und Hände frei zu bewegen und erlaubte es ihm somit erst, Waffen und Werkzeuge zu nutzen.

Im Wasser fällt der aufrechte Gang viel leichter, denn Wasser trägt einen Teil unseres Körpergewichtes.

Das Beibehalten des Kopfhaares hatte den Vorteil, dass Säuglinge und Kleinkinder sich noch festhalten konnten, denn die Mutter oder der Vater brauchten ihre Arme für andere Tätigkeiten.

Dieses Anklammern am Fell der Eltern findet man bei allen Affenarten.

Beim Waten der Erwachsenen im hüfttiefen Wasser konnten die Kinder die Kopfhaare gut greifen, wenn diese lang genug waren.

Sie selbst wurden auch leichter für die Älteren, wenn sie in die Wasseroberfläche eintauchten.

Dadurch wurde ein schmerzhaftes Ziehen an den Haaren vermieden.

Und es erklärt auch die große Länge des Haupthaares des Menschen, die eine Besonderheit darstellt.

Die Uferzone ist relativ sicher. Wenn Löwen kamen, ging man ins Wasser, wenn sich Haie näherten, ging man an Land.

Es gibt viele Hinweise, dass Menschen auch heute noch gut an das Leben in der Uferzone angepasst sind:

Zum Beispiel hat jeder Mensch einen kleinen Wasserspeier im Ohr (Incisura intertragica), also die Rinne oberhalb des Ohrläppchens zum schnelleren Entleeren von Wasser, das in unseren Gehörgang eingedrungen ist.

Die Nasenöffnung ist nach unten gerichtet, damit in die Nase eingedrungenes Wasser leichter abfließen kann. Affen haben in der Regel nach vorne gerichtete Nasenöffnungen.

Menschliche Säuglinge haben im Gegensatz zu Affenbabys einen Luftanhalt-Reflex, wenn sie mit dem Kopf unter Wasser geraten.
Sie haben ein dickes Unterhautfettgewebe, das sie vor Unterkühlung schützt. Deshalb sehen zum Beispiel Schimpansen-Jungtiere so zerknittert aus und menschliche Babys so prall.
Menschliche Säuglinge schwimmen dank ihres Fettgewebes wie Korken auf der Wasseroberfläche, während Affenbabys ertrinken würden.
Zuletzt haben Menschen einen vergleichsweise großen Fuß. Er ist perfekt für sicheres Stehen im Wasser bei Wellengang. Fürs Rennen an Land sind Hufe besser, fürs Klettern genügt ein kleiner Fuß mit Krallen.
Dies sind Hinweise für eine evolutionäre Anpassung des Frühmenschen an eine amphibische Lebensweise.

Feuer und Waffen

Die Nutzung des Feuers war eine weitere Besonderheit des Früh-Menschen.
Feuer sind heiß und gefährlich. Dessen Nähe erzeugt Ängste, die überwunden werden müssen.
Verbrennungen können sehr schmerzhaft sein.
Auch die Herstellung und Aufrechterhaltung eines Feuers war kompliziert und nur möglich, wenn man

die Angst davor verloren hatte.

Feuer fand man nach Blitzeinschlägen und hielt es durch Nachlegen von trockenem Holz am Leben.

Später erfanden die Menschen mehrere Methoden der Feuerherstellung durch Reibungswärme oder Feuersteine.

Das Feuer ist einer der Gründe, warum der Mensch sein Fell verlor.

Wenn man sich in der Nähe eines Lagerfeuers aufhält, ist man mit Fell in ständiger Lebensgefahr.

Deshalb fürchten Säugetiere das Feuer.

Da Raubkatzen wie Löwen vor allem bei Nacht auf die Jagd gehen, war es für Frühmenschen vorteilhaft gewesen, das nächtliche Feuer nicht ausgehen zu lassen.

Es brauchte eine Feuerwache, während die anderen schliefen.

Auch das zeigte, wie wichtig Kommunikation und Verlässlichkeit waren.

Das Feuer hatte noch einen weiteren Vorteil: Man konnte kochen.

Einige Wissenschaftler behaupten, dass erst das Kochen unsere Menschwerdung überhaupt ermöglicht hat.

Warum könnte das so sein?

Ein größeres Gehirn hatte Vorteile, aber es hatte auch einen bedeutenden Nachteil:

Es führte zu einem größeren Kopf, der trotzdem durch

den engen Geburtskanal der Frau passen musste.

Das Becken der Frau wurde etwas breiter, aber nur so weit, dass es sich nicht nachteilig auf die Laufgeschwindigkeit der Frauen ausgewirkt hätte.

Aus diesem Grunde verkleinerte sich auch der Gesichtsschädel zugunsten des Gehirnschädels.

Der Gesichtsschädel besteht aus Augenhöhlen, Nasenhöhle, Kiefern und Kinn.

Man kann in der Menschheitsgeschichte beobachten, dass die Unterkiefer, die Kaumuskeln und die Augenwülste mit der Zeit immer kleiner wurden.

Die Kaufläche konnte verringert werden, weil durch Kochen der Nahrung das Kauen erleichtert wurde.

Nach dem Kochen von Fleisch oder pflanzlicher Nahrung werden die Inhaltsstoffe auch besser verdaut und verwertet. Auch dies führte letztlich zu größeren Menschen mit größeren Gehirnen.

Das Gehirn benötigt bei 2% des Körpergewichtes ca. 20% der zugeführten Kalorien. Es ist neben dem Herzen das Organ mit dem höchsten Energiebedarf und größten Stoffwechsel.

Feuer waren auch hilfreich zur Jagd.

Man konnte Tiere mit Fackeln über Abgründe oder in Fallen treiben. Oder wie es heute noch die Ureinwohner Australiens machen, Vorteile aus selbst gelegten Buschbränden ziehen.

Dies führt uns zum nächsten Punkt: Waffen.

Waffen sind eine weitere Besonderheit des Menschen.

Was wäre der Mensch ohne seine Waffen? Das gilt auch für den Frühmenschen!

Allerdings war das Arsenal noch sehr übersichtlich: Knochen, Steine und Stöcke.

Das waren alles Dinge, die sich leicht finden lassen. Lange Röhrenknochen, zum Beispiel vom Oberschenkelknochen waren besonders effektiv, wenn sie zerbrochen waren und spitze und scharfe Kanten hatten.

Steine ließen sich verbessern, wenn man sie mit anderen Steinen bearbeitete und so scharfe Kanten einschlug. Das führte zur Erfindung des Faustkeils, mit dem sich auch prima Felle abschaben ließen.

Stöcke konnte man verbessern, wenn man ihnen eine Spitze gab und diese im Feuer härtete.

Wenn der Stock lang und gerade war, wurde er zum Speer und konnte als Stich- und Wurfwaffe Verwendung finden.

Wenn man das stumpfe Ende in die Erde bohrte und den Speer anhob, konnte man auch schon mal eine Raubkatze, die sich auf einen stürzte, mit ihrem eigenen Gewicht erdolchen.

Der Speer als Fernwaffe war eine weitere Verbesserung, denn der Fernkampf ist immer risikoärmer als der Nahkampf.

Auch der geworfene Faustkeil war eine Möglichkeit, kleinere Tiere bis zur Hasengröße zu erbeuten.

Je größer das Gehirn wurde, je schneller es rechnen

konnte, desto besser wurde die Treffsicherheit und die Erfolgsaussicht bei der Jagd.

Die Keule verlängerte den Schwungarm des Menschen und verdoppelte die Kraft.

Gleichzeitig konnte vermieden werden, dass die Fingerknochen brechen, wie das beim Faustkampf möglicherweise passieren kann.

Die Erfindung des Bogens war ein weiterer Meilenstein in der Waffentechnologie. Jetzt war auch einem körperlich unterlegenen Menschen ein tödlicher Fernkampf möglich.

Vielleicht war dies die Überlegenheit des Homo sapiens gegenüber dem ausgestorbenen Neandertaler (= *Homo neanderthalensis*), aber das bleibt eine Vermutung.

Es ist erwiesen, dass sich das Erbgut der beiden Menschenarten vermischte. Daraus lässt sich ableiten, dass es nicht nur zu kriegerischen Aktivitäten zwischen ihnen kam.

Der Mensch trägt von Natur aus keine wirklich gefährlichen Waffen mit sich, um sich wirksam gegen Angriffe zu verteidigen. Seine Zähne sind eher ungefährlich und mit seinen Nägeln lässt sich ebenfalls wenig ausrichten.

Auf zwei Beinen ist er im Vergleich zu den meisten vierbeinigen Tieren recht langsam unterwegs.

Für viele Raubtiere ist er unbewaffnet daher eine leichte Beute gewesen.

Überlebenswichtig für den Frühmenschen war es daher primitive Waffen zu besitzen und das Feuer zu beherrschen.

Seine Hauptwaffe aber war sein Gehirn und die damit verbundene geistige Überlegenheit.

Jäger und Sammler

Betrachtet man die Menschheitsgeschichte von Beginn an, stellt man fest, dass wir uns über eine sehr lange Phase als Jäger und Sammler durchgeschlagen haben.

Noch in der heutigen Zeit lassen sich unterschiedliche Verhaltensweisen von Mann und Frau aus den damaligen Spezialisierungen erklären.

Männer betätigten sich hauptsächlich als Jäger. Der offensichtlichste Grund ist ganz allgemein die körperliche Überlegenheit.

Frauen waren deshalb hauptsächlich Sammlerinnen. Dies führte zu unterschiedlichen Talenten, die wir auch heute noch beobachten können.

Für die Jagd brauchte man ein gutes räumliches Vorstellungsvermögen, denn die umherziehenden Tierherden durchstreiften ein großes Areal. Männer lernten sich während der Jagd still zu verhalten, um das Wild nicht zu warnen. Sie waren also nicht gesprächig. Zur Not kommunizierten sie mit Gesten, wie das auch heute noch Soldaten tun.

Sie lernten sich auf eine Sache zu fokussieren und rasch zu handeln.

Frauen hingegen brauchten auch ein gutes Gedächtnis, um Stellen mit Früchten, Beeren, Samen und Nüssen wiederzufinden.

Im Gegensatz zu den Männern konnten sie ihre verbalen Fähigkeiten trainieren, ohne die Jagd zu gefährden. Vielleicht halfen laute Gespräche sogar dabei Raubtiere zu vertreiben. Diese wurden über einige Entfernung vorgewarnt und ergriffen daher meistens die Flucht. Wurden sie überrascht, griffen sie instinktiv an. Natürlich auch nachts, wenn sie sich auf der Jagd nach Beute befanden.

Der Mensch lebte damals in Einklang mit der Natur. Er verwertete fast alles, was er vorfand und produzierte keinen Abfall, der für die Natur schädlich war. Die damalige Arbeitszeit für Waffenherstellung und Jagd wird auf wenige Stunden täglich (ca. vier Std.) geschätzt. Die restliche Zeit konnte sich der frühe Mensch künstlerischen Aktivitäten wie Höhlenmalerei oder Flötenspiel widmen oder er teilte seine Erfahrungen und führte am Lagerfeuer Gespräche mit seiner Sippe.

Es wird auch damals schon einige wenige sehr alte Menschen gegeben haben. Allerdings war die Lebenserwartung wesentlich kürzer.

Bedingt durch Krankheiten und Unfälle, die nicht so

gut wie heute behandelt werden konnten.
Die Lebensqualität war insgesamt trotzdem gut.
Die Natur war noch unberührt. Es gab sauberes
Wasser, frische Luft und Nahrungsmittel ohne
Schadstoffe.
Von Naturvölkern weiß man eines sicher, dass
Verhungern als Todesursache selten war und nach wie
vor ist.

Ackerbau und Viehzucht

Der Verlust des Paradieses kam für die Menschheit
schleichend durch einen vermeintlichen Fortschritt,
den Ackerbau.
Es mag eine zufällige Beobachtung gewesen sein,
dass abgestreiftes Wildgetreide im nächsten Jahr
aufkeimte, wenn es bewässert wurde.
Zum Beispiel wenn verlorene Getreidesamen in eine
Pfütze fielen.
Außerdem domestizierte der Mensch Wildtiere und
begann mit der Viehzucht.
Von da an waren zusätzliche Nahrungsquellen
gegeben, die im Laufe der Zeit zu gewaltigen
Veränderungen führten.
Dieser Zeitpunkt wird auf ca. 10.000 Jahre vor
unserer Zeitrechnung geschätzt. Es werden nun die
Entwicklungen nach dieser Zeitenwende beschrieben.

Wahrscheinlich wurden Ackerbau und Viehzucht gegenüber Jagd und Sammlertätigkeit viele tausend Jahre parallel betrieben, bis die Menschheit in die Erfolgsfalle geriet.

Sie vermehrte sich rapide und konnte bald die Menschenmassen nicht mehr alleine mit Jagen und Sammeln ernähren.

Sie war zum Ackerbau genötigt, ob sie es wollte oder nicht. Der Ackerbau führte zu wesentlich längeren Arbeitszeiten (ca. zehn Std.) und war auch mühseliger.

Der Mensch arbeitete jetzt im Schweiße seines Angesichts. (Bibel, 1. Mose 3:19, modifiziert)

Die Viehwirtschaft führte zum Nomadentum, was eine Vorstufe zur Sesshaftigkeit war.

Der Ackerbau führte zur Verpflichtung die Felder und Ortschaften zu verteidigen.

Die Sesshaftigkeit begünstigte also kriegerische Auseinandersetzungen. Grund war oft der Kampf um Ressourcen wie Wasser oder gute Böden. Außerdem führten Missernten zu Hungersnöten größeren Ausmaßes. Aber die Menschheit lebte immer noch in Einklang mit der Natur und erzeugte keine Schadstoffe. Der einzige Einwand ist ihr oft rücksichtsloser Umgang mit der Tierwelt.

Artensterben

Der Verzehr von Fleisch war für den Homo sapiens immer eine willkommene Abwechslung im Speiseplan.
Viele Großsäuger unterschätzten den Menschen in seiner Gefährlichkeit.
Das Mammut (*Mammuthus primigenius*), das Wollnashorn (*Coelodonta antiquitatis*) und der Auerochse (*Bos primigenius*) wurden vom Menschen bejagt, bis sie ausgestorben waren.
In Sibirien, auf der Wrangelinsel, überlebten kleine Populationen von Mammuts bis etwa 2000 Jahre vor unserer Zeitrechnung.
In Afrika überlebten einige wenige Großsäuger wie Elefant, Giraffe, Nashorn, Nilpferd und Büffel. Da Afrika als Wiege der Menschheit gilt, konnten sie sich länger auf den Menschen und seine Gefährlichkeit einstellen. Sie lernten ihn einzuschätzen.
Dies gelang südamerikanischen Großsäugern wie zum Beispiel dem Riesenfaultier (*Megatherium americanum*) weniger gut, sodass diese ausstarben.
Die Riesenfaultiere, die so groß wie Elefanten wurden, waren langsam und deshalb die ideale Beute.
Der Mensch hatte ein völlig anderes Jagdverhalten als tierische Raubtiere. Während diese vor allem Jungtieren, alten oder kranken Beutetieren

nachstellen, bevorzugte der Mensch gesunde, geschlechtsreife Tiere. Dies begünstigte das Aussterben von Arten.

Unzählige flugunfähige Großvögel lieferten Nahrung im Überfluss, bis sie verschwunden waren.

Am Ende des 13. Jahrhunderts erreichten Menschen Neuseeland und stießen auf die Moas, die wie Strauße aussehen und bis zu drei Meter groß wurden. Diese Vögel zeigten weder Flucht- noch Abwehrverhalten. Die Moas waren leicht zu erbeuten und wurden binnen eines Jahrhunderts ausgerottet. Das gleiche Schicksal widerfuhr auch dem Dodo (*Raphus cucullatus)* (1690) und dem Riesenalk (*Pinguinus impennis)* (1852).

Besonders traurig ist die Geschichte der rötlich gefärbten Wandertaube (*Ectopistes migratorius*). Dieser Vogel kam in Schwärmen vor, die kilometerlang waren und den Himmel verdunkelt haben sollen. Wandertauben waren so zahlreich, dass man sie an Schweine verfütterte.

Die Wandertaube wurde vom Menschen sinnlos bejagt und ausgerottet, das letzte Exemplar starb im Jahre 1914 in einem Zoo.

Seit dem Jahr 1500 n. Chr. findet ein beispielloses Vogelsterben statt. Wikipedia nennt über 150 ausgestorbene neuzeitliche Vogelarten.

Ökologie

Industrialisierung

Mit der Industrialisierung, die ab ca. 1750 n. Chr. begann, beginnt ein neues Kapitel, das uns zu Umweltproblemen führen wird.
Auch dieser Prozess begann schleichend und so langsam, dass er in seiner Bedeutung für die Umwelt zuerst nicht wahrgenommen wurde.
Erfindungen, wie die Dampfmaschine oder die Elektrizität, erleichterten die körperliche Arbeit.
Zur Gewinnung von Kohle und Metallen musste der Mensch jedoch den Bergbau forcieren, zur Herstellung von Gütern wurden Fabriken gebaut.
Diese hatten mit der Zeit immer höhere Schornsteine, die Luftqualität wurde immer schlechter und insgesamt wurden die Arbeitszeiten (ca. 14 Stunden) sogar länger als in früheren Zeiten.

Die Förderung von Öl veränderte die Welt grundlegend, die Erfindung des Verbrennungsmotors revolutionierte alles.
Der schnelle Transport zu Land, zur See und in der Luft wurde möglich.

Traktoren ersetzten die Pferde und verdichteten durch ihr größeres Gewicht die Äcker, was den Boden schädigte.
Die Erfindung von chemischen Düngemitteln führte zu einer Bevölkerungsexplosion, die für viele aktuelle Probleme verantwortlich ist.
Der übermäßige Gebrauch von Düngemitteln und Pestiziden führte außerdem zu ökologischen Schäden.

Die Neuzeit des Menschen ist durch Digitalisierung geprägt. Computer erleichtern unsere geistige Arbeit und können viele Dinge schneller berechnen als unser Gehirn.
Die Digitalisierung fordert jedoch einen hohen Preis, nämlich einen immensen Energieverbrauch.
Schon heute verbrauchen die großen Server bis zum kleinen Privat-PC einen erheblichen Anteil unseres Stroms. Leider mit steigender Tendenz.
Es wird geschätzt, dass die Menschheit bis zum Jahr 2050 n. Chr. ca. 45 % der erzeugten Energie für digitale Dienste ausgeben wird.

Heute sind die Folgen unübersehbar:
Die Umweltverschmutzung zu Land, zu Wasser und in der Luft hat solche Ausmaße angenommen, dass sich die Menschheit selbst gefährdet.
Die Gewinnung von Ackerland durch Brand-Rodung führte zum Verlust vormals intakter Regenwälder.

Die Gier des Menschen nach Fleisch führte zur Massentierhaltung mit all ihrem Elend.

Außerdem versiegelte der Mensch vormals fruchtbaren Boden durch Bau von Gebäuden und Straßen.

Hier zeigt sich, dass die Intelligenz des Menschen so geartet ist, dass er nur kurzfristige Vorteile erkennt und wahrnimmt. Dass er aber daran scheitert, wenn es um langfristiges, nachhaltiges Wirtschaften geht.

Wenn ein Mensch ein Haus baut und den Boden versiegelt, ist es für die Natur völlig bedeutungslos. Selbst wenn Millionen Menschen das tun, ist es ohne Belang.

Wenn aber mehrere Milliarden Menschen ihren Lebensraum durch den Bau von Häusern und Straßen versiegeln, ist das ein Problem für die Umwelt.

Derzeit wird beispielsweise für Beton so viel Sand gefördert und benötigt, dass dieser weltweit knapp wird. Man könnte jetzt denken, dass es ausreichende Vorkommen von Sand in den Wüstengegenden gibt. Dazu sollte man aber wissen, dass Wüstensand wegen seiner perfekten Kugelform zum Bauen ungeeignet ist. Geeignet ist nur der von Wasser und Wellen eckig geschliffene Sand.

Der Platz auf unserem Planeten ist nun mal begrenzt. So wird die Tierwelt immer mehr zurückgedrängt und verliert zusehends ihre Rückzugsräume. Für Gefahren, die statistischer Art sind, haben wir gar kein Gespür.

Die Gefahr, die von einem Löwen ausging, war früher genauso groß, wie die von mehreren.

Außerdem gibt es heutzutage zwar viele Spezialisten unter den Wissenschaftlern, es fehlt aber an Universalgelehrten, die nicht nur ihr Fachgebiet sehen, sondern das große Ganze.

Ein bekannter früherer Universalgelehrter war zum Beispiel Leonardo da Vinci (1452 bis 1519).

Wir sind gut im Beurteilen unserer nächsten Umgebung, haben aber keine Antennen, wenn es um globale Zusammenhänge geht.

Globales Denken war in unserer evolutionären Menschheitsgeschichte bislang nicht wichtig.

Deshalb unterschätzen wir die exponentielle Bevölkerungsentwicklung und das wahre Ausmaß der Zerstörung.

Die Erde kann uns Menschen mit Hitzewellen, mit Dürren, mit Bränden, mit Kälteperioden, mit Stürmen und mit Fluten das Leben schwer machen.

Daran haben wir uns angepasst.

Aber dürfen wir weiter nach dem biblischen Prinzip handeln: „Macht Euch die Erde untertan"?

**„Erst wenn der letzte Baum gerodet, der letzte Fluss vergiftet, der letzte Fisch gefangen ist, werdet ihr merken, dass man Geld nicht essen kann."
(Angebliche Weissagung der Cree-Indianer)**

Gaia

Unsere Erde wird oft eingeteilt in verschiedene
Kontinente, Klimazonen und Meeresregionen.
Dabei geht der einheitliche Charakter unseres
einzigartigen Planeten verloren.
Die Erde ist ein zusammenhängender Organismus,
eine Gaia. Sie lebt, pulsiert, allein schon durch ihre
Konvektionsströme im Inneren. Und durch ihre Fauna
(= Tierwelt) und Flora (=Pflanzenwelt) an der
Oberfläche.
Alles hängt mit allem zusammen und beeinflusst sich.
Auch für uns negative Phänomene können für die
Erde insgesamt positiv sein und umgekehrt.
Es dreht sich alles um die Fruchtbarkeit des Bodens,
egal ob an Land oder im Meer.
Diese Qualität des Bodens ist abhängig von
natürlichen Mineralien und seinem Reichtum an
Mikroorganismen.
Durch regelmäßige Überschwemmungen, z.B. am Nil,
verbessert sich die Bodengüte und auch Vulkanismus
trägt langfristig zur Bodenverbesserung bei.
Dies sind zwei Beispiele für Aktivitäten der Natur, die
wir Menschen nicht so schätzen.
Trotzdem siedelten sich immer wieder Menschen in
der Nähe aktiver Vulkane an, um von nährstoffreichen
Böden zu profitieren. Selbst der Wüstensand der

Sahara ist so nährstoffreich, dass er das Wachstum von Pflanzen in einem anderen Teil der Erde beeinflusst. Sandstürme können so stark werden, dass sie Wüstensand über den Atlantik bis nach Südamerika bringen und dort über dem Amazonas-Urwald abregnen lassen.

Man kann diese braunen Schleier auf Weltraumbildern der Erde deutlich erkennen.

Ohne diese natürliche Düngung wäre der Regenwaldboden viel nährstoffärmer.

Der Amazonas transportiert auf seinem Weg zu seiner Mündung eine große Menge mineralisches Sediment, das wiederum von maritimen Kieselalgen verwertet wird.

Zu bestimmten Zeiten ist deren Massenaufkommen so stark (Algenblüte), dass es sogar aus dem Weltall als grün-blaues Band im Ozean zu sehen ist. Diese Algen sind von enormer Bedeutung, da sie am Beginn der Nahrungskette in Flüssen, Seen und Ozeanen stehen. So ernähren sich viele tierische Kleinstlebewesen (Zooplankton), wie z.B. Flohkrebse, von diesen Algen. Diese wiederum bilden die Nahrungsgrundlage für kleinere Tintenfische, viele Fischarten und sogar einige der größten Meeressäuger, die Wale.

Das gleiche Phänomen zeigt sich an Gletschern, die oft über Jahrtausende Mineralien anreichern.

Gletscher bilden sich immer dann, wenn mehr Schnee fällt als abtauen kann.

Wenn Gletscher „kalben", d.h. wenn große Stücke als Eisberg abbrechen, gelangt auch der im Eis gebundene Anteil an Mineralien ins Meer. Ein wichtiger Dünger, der für den Reichtum des Lebens in Polarmeeren verantwortlich ist.

Die Algen vermehren sich nach dieser Düngung explosionsartig. Sie sind wiederum die Nahrungsgrundlage aller Meerestiere und die vom Meer abhängigen Tiergruppen wie z. B. Seevögel und Robben.

Ein System an Meeresströmungen sorgt dafür, dass sich das Wasser durch alle Meere dieses Planeten bewegt.

Aber was sind eigentlich Meeresströmungen?

Als Schüler konnte ich mir nie vorstellen, wie Wasser im Meer strömen kann, da es kein „Flussbett" gibt.

Das Geheimnis ist, dass Wasser nicht gleich Wasser ist und sich sehr wohl hinsichtlich Dichte und Temperatur unterscheiden kann.

Wenn Eisberge oder Gletscher schmelzen, werden große Mengen an Süßwasser ins Meer abgegeben.

Die Folge ist eine Verdünnung des Meerwassers. Der Salzgehalt verringert sich.

Je mehr Salz das Wasser enthält, desto schwerer wird es. Salzreiches Wasser ist schwerer als salzarmes und bewegt sich aufgrund seiner größeren Dichte in Richtung Meeresboden.

Das können manchmal erhebliche Mengen an Wasser sein.

Man schätzt, dass der Golfstrom, der wohl bekannteste und bedeutsamste Meeresstrom, etwa 100 mal mehr Wasser transportiert als sämtliche Flüsse der Landoberfläche zusammen genommen.

In der Tiefsee angekommen, hat der Wasserkörper eine Temperatur von vier Grad Celsius. Aufgrund der Dichteanomalie des Wassers hat es an diesem Punkt seine größte Dichte erreicht.

Noch kälteres aber vor allem wärmeres Wasser ist wiederum leichter und steigt nach oben. Dies geschieht in tropischen Gewässern.

Irgendwo müssen die Wassermassen ja wieder auftauchen.

Im Prinzip funktioniert das wie bei einer überdimensionalen thermischen Heizung.

Neben der unterschiedlichen Wasserzusammensetzung treibt auch noch die Corioliskraft die Meeresströmungen an.

Die Corioliskraft ist eine Trägheitskraft, die durch die Erdrotation entsteht.

Sie ist zum Beispiel die Ursache dafür, warum alle Ströme Russlands einen nach rechts gekrümmten Bogen beschreiben.

Die Corioliskraft ist auch der Grund, warum sich Wasser im Ablauf einer Wanne in einer bestimmten Drehrichtung bewegt. Sie beeinflusst außerdem die

Bewegung von Hoch- bzw. Tiefdruckgebieten in der Atmosphäre.

Die Bewegung der Kontinentalplatten hat das Aussehen unseres Planeten immer wieder verändert. Sie ist verantwortlich für die Entstehung von Gebirgen und für die Gestalt der Kontinente.
Als Kind hat mich immer fasziniert, wie perfekt Südamerika in Afrika hineinpasst oder dass man auf hohen Bergen Versteinerungen fossiler Meeresbewohner wie Muscheln und Schnecken finden kann.
Die Erklärung dieser Gedanken durch die Kontinentalverschiebung erfuhr ich erst später.
Auch in Zukunft wird unser Planet sein Antlitz verändern.

Biologie
(alt-gr.: bios = Leben, logos = Lehre)

Der wahre Reichtum unserer Erde sind seine Flora und Fauna, also das Reich der Pflanzen und das der Tiere.
Es gibt noch das Reich der Fungi, das sind die Pilze und das Reich der Mikroorganismen wie Einzeller, Bakterien und Viren.
In den letzten Jahren wurde die Anzahl der Arten ständig nach oben korrigiert.
So soll es nach Schätzungen ca. 7,8 Mio. Tierarten, ca. 300.000 Pflanzenarten, ca. 600.000 Pilzarten und über 50.000 Einzeller und Algenarten geben. **(2)**
Über die auf unserem Planeten vorhandenen Bakterienarten gehen die Schätzungen sehr weit auseinander. Von ca. 5.000 bekannten Arten ist die Rede, es soll jedoch noch hunderttausende unbekannte Arten geben. Bakterien hat man noch in Kilometer tiefen Sedimentschichten gefunden, auch unter dem Meeresboden. **(3)**

Aus dieser Vielfalt eine Auswahl zu treffen, ist schwer. Ich habe mich entschieden, über Pflanzen, Pilze und Bakterien nicht weiter zu berichten, weil das den Umfang dieses Buches gesprengt hätte.

Bei den Tieren habe ich mich auf interessante, giftige und unbekanntere Arten konzentriert.
Die Leser erfahren zum Beispiel, dass Kraken drei Herzen haben und Seesterne die gefährlichsten Raubtiere am Meeresboden sind.

Die klassische Einteilung in der Zoologie
(alt-gr.: zoon = Tier) ist:
Stamm, **K**lasse, **O**rdnung, **F**amilie, **G**attung und **A**rt.
Die Anfangsbuchstaben ergeben das Merkwort
SKOFGA.

Man kann sich analog Bäume (Stämme) vorstellen.
Diese haben einige große Äste (Klassen).
Jeder mittelgroße Ast (Ordnungen) verzweigt sich über kleinere (Familien) bis hin zu Zweigen (Gattungen) und Blättern (Arten).

So ist der Mensch beispielsweise:

ein Wirbeltier	(Stamm)
ein Säugetier	(Klasse)
ein Primat (= Affe)	(Ordnung)
ein Menschenaffe	(Familie)
ein Homo (= Mensch)	(Gattung)
der *Homo sapiens*	(Art)

Tierstämme

Tierstämme sind Zusammenfassungen verwandter Tierklassen. Die wichtigsten sind: Wirbeltiere, Gliederfüßer und Weichtiere.
Etwas unbekannter sind Stachelhäuter, Ringelwürmer, Nesseltiere und Schwämme.

Es gibt noch weitere Tierstämme, die ich ohne Anspruch auf Vollzähligkeit erwähnen will: Rippenquallen, Manteltiere, Pfeilwürmer, Fadenwürmer, Saitenwürmer, Kelchwürmer, Plattwürmer, Armfüßer, Stummelfüßer, Rautentiere, Rädertierchen, Bärtierchen, Korsetttierchen und Moostierchen.
Einige dieser weniger bekannten Tierstämme, vor allem die drei zuletzt genannten, sind mikroskopisch klein.
Es fällt auf, dass mehrere „Würmer" erwähnt werden. Biologen haben die Würmer in mehrere Tierstämme aufgeteilt, weil sie sich in ihrem Aufbau sehr unterscheiden.
Ob das bei der jeweils geringen Anzahl von Arten gerechtfertigt ist, mag dahingestellt sein...

Morphologie

Unter Morphologie versteht man die Lehre von der Gestalt, den Formen.
Die Gestalt Wurm ist ein Erfolgsmodell der Evolution.
Warum das so ist, wird in einem eigenen Kapitel erläutert.
Auch Schlangen haben diese Form entwickelt oder etwa Fische wie Aale und Muränen.
Diese Art von Ähnlichkeiten in Form und Funktion zwischen den unterschiedlichen Tiergruppen nennt man analoge Strukturen.
Ein weiteres Beispiel sind Maulwurf und Maulwurfsgrille. Ihre Vorderbeine haben sich im Laufe der Evolution jeweils zu Grabschaufeln weiterentwickelt. Diese haben bei beiden Tieren die gleiche Funktion, obwohl sie zu unterschiedlichen Tierstämmen gehören.
Da wäre auch noch die Form des Papageien-Schnabels, den sowohl Vögel, Fische (Papageifische) und Weichtiere wie Kraken ausgebildet haben.

Über eine Million Tierarten sind bilateral
(= zweiseitig) symmetrisch aufgebaut.
Warum ist dies von Vorteil?

Die Bilateral-Symmetrie bringt Vorteile, es gibt ein rechts und links, ein vorne und hinten.

Dieser Aufbau erleichtert eine zielgerichtete Fortbewegung, indem sich an den Seiten meist paarweise entsprechende Organe (Beine) entwickelt haben.

Außerdem existieren wichtige Organe doppelt, beim Menschen zum Beispiel Augen, Ohren, Lungen und Nieren.

Seesterne hingegen sind radial symmetrisch mit fünf oder einem Vielfachen von fünf Armen ausgestattet.

Dies ist eine Abweichung von der Bilateral-Symmetrie.

Tiere, die sesshaft sind, verzichten oft auf jegliche Symmetrie, wie z.B. Korallen oder Muscheln.

Giftigkeit

Viele Tiere haben Gifte entwickelt, um einen evolutionären Vorteil zu erringen.

Gifte können die Atmung lähmen, Organe schädigen, den Kreislauf beeinträchtigen, das Blut zersetzen und stärkste Schmerzen verursachen.

Während giftige Tiere unter den Schlangen, Fröschen und Spinnen häufig sind, gibt es nur wenige Arten bei Säugetieren, Vögeln und Echsen.

Es gibt nur fünf giftige Säuger, es gibt nur sieben Giftvögel und es gibt nur drei gesichert giftige Echsenarten. Dazu komme ich später.

Fische und Kraken können sehr giftig sein.

Insektengifte verursachen beim Menschen meist nur starke Schmerzen.

Gelegentlich kann es jedoch auch zu gefährlichen allergischen Reaktionen kommen.

Zoologie

Wirbeltiere (Vertebrata)

Die Wirbeltiere, genauer gesagt Schädeltiere, sind der bekannteste Tierstamm.
Er wird unterteilt in folgende Klassen:
Säugetiere, Vögel, Reptilien, Amphibien und Fische.

Gemeinsames Kennzeichen ist eine knöcherne oder knorpelige Wirbelsäule und ein knöcherner oder knorpeliger Schädel.
Dadurch wird sichergestellt, dass das empfindliche Nervengewebe von Gehirn und Rückenmark gut geschützt bleibt.
Auch die meisten Sinnesorgane, wie die Augen, die Ohren, die Nase und sogar die Zunge profitieren von ihrer Lage und dem Schutz, der sich durch einen harten Schädel bietet. Man denke an die knöchernen Augenhöhlen und vor allem an das Hörorgan, das z.B. beim Menschen im Felsenbein, einem kompakten Knochen, verborgen liegt.
Ein weiterer Vorteil der räumlichen Nähe der Sinne zum Gehirn sind die kurzen Signalübertragungszeiten der Nervenbahnen. Dadurch steigt das Reaktionsvermögen.

Säugetiere (Mammalia)

Säugetiere sind lebendgebärend. Dies ist eine große Errungenschaft, denn der Nachwuchs wächst sicher im Körper heran, während ein Embryo in einem Ei ein ungewisses Schicksal erleiden kann. Ein Nachteil ist, dass weibliche Säugetiere dadurch schwerer und in ihrer Beweglichkeit eingeschränkt werden.
Die Entwicklung von Milchdrüsen garantiert die Versorgung des Nachwuchses unabhängig vom Vorhandensein von Nahrung.
Diese evolutionäre Weiterentwicklung bei den Säugetieren hat sich seit Millionen von Jahren bewährt und gab der gesamten Klasse ihren Namen.

Das Fell, typisch für Säuger, bietet einen guten mechanischen und thermischen Schutz.
Bei dichterer Behaarung wird das Fell auch Pelz genannt. Wale haben aus praktischen Gründen auf ein Fell verzichtet.
Robben, die mehr Zeit an Land als im Wasser verbringen, haben ihr Fell im Gegensatz zu den Walen behalten. Außerdem schützt es die Haut bei ihrer Fortbewegung an Land, dem Robben.
Die Felllosigkeit des Menschen hat andere Gründe und wurden im Kapitel Mensch ausführlich beschrieben.

Bemerkenswert für alle Säugetiere ist die Ausbildung eines sehr empfindlichen Hörorgans, das es ihnen ermöglicht, Beute und Feinde früh wahrzunehmen. Dieses Sinnesorgan besteht aus dem äußeren Ohr mit Gehörgang, dem Trommelfell, an das sich das Mittelohr anschließt und dem Innenohr. Die äußeren Ohren sind meist beweglich und dienen ebenso wie das Mittelohr der Fokussierung, Weiterleitung und der Verstärkung des Schalls. Das Innenohr ist das eigentliche Hörorgan. Dort sitzen die Sinneszellen aufgereiht nebeneinander in einer Art Schnecke, die die mechanischen Reize aufnehmen und an das Gehirn weiterleiten.

Interessanterweise entwickelten sich die Gehörknöchelchen des Mittelohres aus dem primären (= ersten) Kiefergelenk. Sie sind bei allen Säugetieren die kleinsten Knochen.

Auch Wale haben einen sehr gut entwickelten akustischen Sinn. Sie haben jedoch aus Gründen der Praktikabilität auf äußere Ohren und einen Gehörgang verzichtet. Alle Säugetiere haben genau sieben Halswirbel, egal wie kurz oder wie lang der Hals ist. Größtes Säugetier ist der Blauwal (*Balaenoptera musculus*) mit einem Körpergewicht von 200 Tonnen. Kleinstes Säugetier ist die Etruskerspitzmaus *(Suncus etruscus)* mit ca. 2,5 Gramm Körpergewicht. Es gibt nur fünf giftige Säugetiere: Plumplori, Schnabeltier, Kurzschwanzspitzmaus,

Wasserspitzmaus und Schlitzrüssler.
(vollständige Aufzählung, Stand 2025)
Die drei letztgenannten Arten sind Insektenfresser und
setzen ihr Gift aktiv zur Jagd ein. Beim Plumplori,
einer Primatengattung und beim Schnabeltier dient es
zur Verteidigung. Das Schnabeltier ist neben dem
Schnabeligel das einzige eierlegende Säugetier.

Nacktmull (*Heterocephalus glaber*)

Der fast blinde Nacktmull ist neben dem Menschen
das einzige Landsäugetiere ohne Fell.
Ansonsten kommt Felllosigkeit nur noch bei
Züchtungen, z.B. Nacktkatzen, vor.
Der Nacktmull zeichnet sich durch bemerkenswerte
Eigenschaften aus.
So hat er als einziges Säugetier eine verminderte
Schmerzempfindlichkeit seiner Haut, die sich
außerdem durch eine gute Fähigkeit zur Wundheilung
auszeichnet.
Diese Eigenschaften sind auch Forschungsgegenstand
der Humanmedizin (= Heilkunst für uns Menschen).
Der Nacktmull ist ein in Erdhöhlen lebendes Nagetier
mit großen Schneidezähnen.
Wenn es einen Schönheitspreis für Säugetiere gäbe,
würde ihn der Nacktmull wahrscheinlich nicht
gewinnen.

Schafe

Hoppla, sind Schafe interessante Tiere?
Die stehen doch nur tagsüber grasend und blökend in
Herden auf der Weide und lassen sich von Wölfen
überfallen?
Schafe gehören zur Säugetiergattung der
Ziegenartigen. Wie hieß noch mal das männliche
Schaf?
Widder oder Schafbock. Und da liegt des Pudels
Kern! Man sieht keine Widder mehr, denn die sind
sehr gefährlich, auch für den Menschen.
Sie könnten sprichwörtlich mit dem Kopf durch die
Wand gehen. Wenn sie ein Scheunentor rammen,
splittert das Holz. Widder sind unerschrocken und
kräftig und es kommt sogar vor, dass Zweikämpfe
untereinander tödlich enden. Der Leitwidder einer
Schafherde würde es auch mit einem Wolf
aufnehmen, um seine Familie zu schützen.
Also, wir lernen, Schafe sind nicht wehrlos...
Die heutigen Hausschafe müssen allerdings von
Menschen und Hunden bewacht werden, da Widder
nur zur Zucht gehalten werden.

Fledermäuse

Fledermäuse sind neben den Flughunden die einzigen Säugetiere, die aktiv flugfähig sind.
Es gibt darüber hinaus Tierfamilien, die zu passivem Gleiten fähig sind, wie z.B. die Gleithörnchen.

Eine Frage, die im Zusammenhang mit Fledermäusen oft gestellt wird, ist, ob Fledermäuse mit Mäusen direkt verwandt sind?
Nein, sie sind nur ähnlich groß wie Mäuse.
Wobei Flughunde wesentlich größer werden. Sie haben Spannweiten von bis zu 1,70 m.
Fledermäuse sind vermutlich eher mit Halbaffen wie Lemuren oder Koboldmakis verwandt.
Dies erklärt auch ihre im Gegensatz zu Mäusen deutlich höhere Lebenserwartung von ca. 20-30 Jahren.
Flattertiere wie sie eigentlich heißen müssten, ernähren sich meistens von Fluginsekten, die sie mittels Echoortung aufspüren.
Mit dieser Technik sind sie unabhängig von Tageslicht und daher in der Lage, erst während der Dämmerung aktiv zu werden und nachts zu jagen. Dies hat noch einen weiteren Vorteil. Es schützt sie selbst vor tagaktiven Raubvögeln.
Einige Arten sind auf Käfer und andere

Bodenbewohnern spezialisiert, denen sie geschickt im Laub nachstellen. Es gibt tatsächlich Arten, die im Flug Fische an der Wasseroberfläche fangen.

Fledermäuse sind mit ca. 1000 Arten eine der häufigsten Säugetierordnungen. Die Gesamtzahl der Säugetierarten beläuft sich auf nur ca. 6400. Fledermäuse erscheinen den meisten Menschen ebenso unansehnlich wie der Nacktmull.

Tierisches und ab und zu auch menschliches Blut als Hauptnahrungsquelle zu nutzen, hat bei Vampirfledermäusen für einen schlechten Ruf gesorgt. Sie werden verdächtigt, Überträger schwerer Krankheiten zu sein. Es gibt jedoch keinen Anhalt dafür, dass das mehr oder häufiger als bei anderen Arten stattfindet. Es ist jedoch bekannt, dass sie durch ihren Biss leicht die Tollwut auf schlafendes Vieh übertragen können. Ihr Vorkommen ist jedoch auf die Tropen Mittel- und Südamerikas begrenzt.

Es gibt Fledermäuse, die sich von Früchten ernähren und so für die Bestäubung von Pflanzen sorgen. Dieses Verhalten ist extrem nützlich und für einige Pflanzenarten die einzige Möglichkeit, sich vermehren zu können.

Indem Fledermäuse sehr viele Fluginsekten, wie z.B. Stechmücken vertilgen, die dem Menschen durch die Übertragung von Krankheiten gefährlich werden können, sollten Fledermäuse auf jeden Fall geschützt werden!

Flusspferd (*Hippopotamus amphibius*)

Das Flusspferd gehört neben Elefanten, Nashörnern und Giraffen zu den größten landlebenden Tieren. Es soll für den Menschen zu den gefährlichsten Tieren in Afrika gehören und möglicherweise mehr Todesfälle verursachen als Löwen oder Krokodile. Sehr aggressiv sind insbesondere Muttertiere. Es kommt immer wieder auf Flüssen zu Zwischenfällen, wenn bei Angriffen durch Flusspferde kleinere Boote kentern und Menschen angegriffen werden.

Wale

Wale sind die Giganten unter den Lebewesen. Es hat wohl auch zu Zeiten der Saurier kein größeres und schwereres Tier als den Blauwal gegeben. Ein so schweres Tier muss im Wasser leben, da Beine ein solches Gewicht nicht mehr tragen könnten. Wale können sehr alt werden. Der Grönlandwal (*Balaena mysticetus*) gilt als eines der langlebigsten Säugetiere überhaupt und kann über 200 Jahre alt werden.

Blauwal (*Balaenoptera musculus*)

Blauwale werden bis zu 33 Metern lang und ca. 200
Tonnen schwer. Ein kleiner Mensch könnte durch
seine Aorta, die Hauptschlagader, schwimmen.
Das Herz wiegt so viel wie ein Kleinwagen und
schlägt ca. 2-8 mal pro Minute.
Das menschliche Herz pumpt hingegen 60-100 mal
pro Minute Blut durch unseren Körper.
Blauwale sind friedliche Giganten, die sich wie alle
Bartenwale von Kleinstlebewesen wie Plankton und
Krill ernähren. Letztere sind wenige Millimeter lange
Ruderfußkrebse. Gelegentlich laben sich Bartenwale
aber auch an Fischlarven und Schwärmen kleinerer
Fische wie dem Hering.
Ein ausgewachsener Blauwal hat normalerweise keine
natürlichen Feinde. Es sei denn, er wird von einem
Rudel Schwertwale angegriffen. Ein Schlag mit seiner
Fluke, das ist die waagerecht ausgerichtete
Schwanzflosse, kann jedem Angreifer das Rückgrat
brechen.

Falscher Schwertwal (*Pseudorca crassidens*)

Man glaubt, Delphine hätten keine natürlichen Feinde.
Aber weit gefehlt: Der Falsche oder Kleine
Schwertwal macht Jagd auf sie!
Er ist einfarbig schwarz gefärbt und mit ca. sechs
Meter Länge kleiner als der Orca
(= Großer Schwertwal).
Er jagt in Schulen von 10-50 Tieren die etwas
schnelleren Delphine.
Die „Flipper" sind im Spurt zwar schneller, aber in
der Ausdauer ist ihnen der Kleine Schwertwal
überlegen. Trotzdem erbeutet er meist nur kranke, alte
oder sehr junge Delphine.

Schwertwal (*Orcinus orca*)

In den letzten Jahren (seit 2020) ist es in der Straße
von Gibraltar zu seltsamen Zwischenfällen von Orcas
mit Segelyachten gekommen. Die Boote werden
durch Bisse ins Ruder manövrierunfähig gemacht,
gerammt und zum Kentern gebracht. Menschen sind
bislang nicht zu Schaden gekommen. Es wird
vermutet, dass die Orcas wegen des intensiven
Schiffsverkehrs und wegen Unterwasserlärms unter
großem Stress stehen.

Vögel (Aves)

Heute ist bekannt, dass am Ende der Kreidezeit der Sauerstoffgehalt der Atmosphäre einen besonders hohen Wert erreicht hatte. Dies erleichterte allgemein die Flugfähigkeit, weil der Sauerstoffbedarf beim Fliegen hoch ist. Flugsaurier, die nicht mit den Vögeln verwandt sind, hatten in diesem Erdzeitalter ihren Höhepunkt. Vögel sind hingegen die direkten Nachkommen der ausgestorbenen Dinosaurier. In jedem Fall waren einige Anpassungen beim Körperbau nützlich, wenn nicht sogar notwendig. Vögel haben deshalb eine einzigartige Anatomie. Alles ist dem Prinzip Fliegen untergeordnet. Die Knochen sind sehr dünn und innen luftgefüllt, um Gewicht zu sparen. Das Brustbein trägt einen Kamm, an dem die sehr kräftigen Flugmuskeln ansetzen können. Vögel haben die besten Lungen der Wirbeltiere entwickelt: Ein Vogel kann dreimal so viel Luft einatmen wie ein gleich großer Säuger. Die Vogellunge wird sowohl beim Ein- als auch beim Ausatmen von sauerstoffreicher Luft durchströmt. Dies leisten mehrere Luftsäcke, die wie Blasebälge arbeiten. Federn sind typisch für Vögel. Federn sind leicht, halten warm und sind wichtig für die Konstruktion der Flügel. Eine weitere Anpassung an das Fliegen ist ihre Art der

Fortpflanzung. Sie legen Eier wie die Dinosaurier. Wären sie wie fast alle Säugetiere lebendgebärend, würden sie am Ende der Schwangerschaft vermutlich zu schwer zum Fliegen sein.

Alle Vögel besitzen einen Schnabel.

Dieser kann innerhalb der Vogelarten sehr unterschiedlich gebaut sein. Es kommt immer darauf an, worauf sich die Vogelart spezialisiert hat. Sei es, um kleine oder größere Tiere zu jagen, Nüsse zu knacken, Beeren und Körner aufzunehmen, ein Nest zu bauen oder einfach nur zur Federpflege, der Schnabel ist ein tolles Multifunktionswerkzeug.

Vögel können alt werden, z.B. Albatrosse über 60 Jahre. Sie leben meist monogam (= in Einehe) und gelten als fürsorgliche Eltern.

Viele Vögel sind Raubtiere, z.B. Greifvögel.

Aber auch Singvögel wie der Neuntöter oder die Blaumeise sind sehr erfolgreiche Jäger.

Dr. Schön konnte einmal die Jagd einer Blaumeise auf Spinnen an der Außenseite einer Fensterscheibe beobachten, die ihn total beeindruckt hat, weil sie innerhalb von einer Minute 5-6 Spinnen erlegte.

Die zuvor erwähnten sieben Giftvögel sind: Zweifarbenpitohui, Einfarbenpitohui, Blaukappenflöter, Oliv-Haubendickkopf, Walddickkopf, Sporngans und die Wachtel.

Man versteht darunter, dass diese nur passiv giftig sind, um Fressfeinden den Appetit zu verderben.

Helmkasuar (*Casuarius casuarius*)

Der Helmkasuar ist ein großer flugunfähiger Vogel
Neuseelands und Australiens.
Er ernährt sich hauptsächlich von Früchten,
verschmäht aber auch Insekten, Amphibien und kleine
Reptilien nicht.
Sie sollen die für Menschen gefährlichsten Vögel
sein, weil sie aggressiv reagieren, wenn sie Junge
haben oder bedroht werden.
Mit der scharfen Vorderkralle am Lauf besitzen sie
eine tödliche Waffe. Helmkasuare erinnern mich an
Velociraptoren ohne Zähne.

Harpyie (*Harpia harpyja*)

Die Harpyie ist der kräftigste Greifvogel.
Er jagt in den Regenwäldern Südamerikas Faultiere
und Affen, die bis zu zehn Kilogramm Gewicht haben
können.
Diese tötet er mit seinen dolchartigen Krallen.
Der Griff des Vogels entspricht einem Druck von
fast 70 Kilogramm pro Quadratzentimeter.
Der Händedruck starker Männer beträgt im Vergleich
etwa 20 Kilogramm pro Quadratzentimeter.

Kea (*Nestor notabilis*)

Der Kea ist eine Papageienart Neuseelands, die einige
Besonderheiten aufweist.
Keas sind Allesfresser, sie ernähren sich von
Pflanzenknollen, Insektenlarven und Aas. Sie werden
auch Raubpapageien genannt, weil sie Nestlinge von
Sturmvögeln erbeuten.
Keas sind wohl die einzigen Papageien, die auch in
verschneiten Bergen überleben können. Dies zeigt
sich insbesondere, wenn sie im Schnee herum tollen.
Sie sind überaus neugierig und verspielt, verärgern
aber auch gerne Touristen, weil sie mit ihren starken
Schnäbeln mit Vorliebe die Dichtungsgummis
geparkter Autos zerstören.
Ansonsten kommen Papageien fast ausschließlich in
den Tropen vor.

Kolibris

Kolibris sind die kleinsten Vögel. Sie ernähren sich
von Nektar und vollbringen erstaunliche Leistungen.
Sie schlagen ca. 40-50 mal pro Sekunde (!) mit den
Flügeln (Schwirrflug) und haben einen Herzschlag
von 400-500 mal pro Minute.

Reptilien (Reptilia)

Reptilien gliedern sich in die Ordnungen:
Echsen, Krokodile, Schildkröten und Schlangen.

Sie sind gekennzeichnet durch ihre trockene mit
Schuppen bedeckte Haut.
Viele Arten haben einen langen Schwanz und
bewegen sich auf vier Beinen in einem Spreizgang.
Alle Reptilien haben Lungen und legen Eier.
Sie sind wechselwarme Tiere, deren Körpertemperatur
von der Umgebungstemperatur abhängig ist. Daher
lieben viele von ihnen ausgiebiges Sonnenbaden.

Unter den Echsen sind bisher nur wenige giftige Arten
bekannt:
Komodowaran (*Varanus komodoensis*),
Skorpion-Krustenechse (*Heloderma horridum*) und
vor allem die sehr giftige Gila-Krustenechse
(*Heloderma suspectum*).
Möglicherweise sind auch die Östliche Bartagame
(*Pogona barbarta*) und weitere Arten giftig.
Bei Krokodilen und Schildkröten sind giftige Arten
unbekannt.
Giftschlangen sind für ihre Gefährlichkeit bekannt,
Sie gehören zu der Tiergruppe, die für die meisten
Todesfälle und gesundheitlichen Schäden beim

Menschen verantwortlich sind. Die ungiftigen Schlangen, vor allem tropische Würgeschlangen, zeichnen sich durch eine kräftige Muskulatur aus, umschlingen ihre Beute und würgen sie zu Tode.

Amphibien (Amphibia)

Amphibien (altgr.: amphi = zweifach und bios = Leben) leben, wie es der Name schon ausdrückt, an Land und im Wasser.

Man unterteilt sie in die Ordnungen Froschlurche, Schwanzlurche und Schleichenlurche. Sie sind auf Süßwasser angewiesen, da sie sich nur dort fortpflanzen können. Meeresbewohnende Arten sind nicht bekannt.

Sie vollziehen bei der Entwicklung vom Ei bis zum fertigen Frosch oder Lurch eine Metamorphose (Verwandlung). Sie wandeln sich vom wasserlebenden Tier, der Kaulquappe (bei Fröschen und Kröten) bzw. der Molchlarve (bei Salamandern und Molchen) zum Landbewohner. Dementsprechend besitzen sie zeitweilig äußere Kiemen und als erwachsene Tiere Lungen. Die meisten Amphibien können über ihre feuchte Haut ebenfalls Sauerstoff aufnehmen (Hautatmung), was ihnen hilft, lange unter Wasser zu bleiben.

Bemerkenswert ist, dass es auch lebendgebärende

Arten wie den Alpensalamander (*Salamandra atra*) gibt.

In den tropischen Zonen der Erde sind die bekannten Pfeilgiftfrösche verbreitet, die zu den giftigsten Tieren weltweit gehören. Ihr Körper ist sehr auffällig gefärbt und soll durch die roten oder gelben Warnfarben Fressfeinde abschrecken.

Ihr schnellwirksames Gift wird noch heute von indigenen Völkern verwendet, um damit die Pfeile ihrer Blasrohre zu präparieren, wenn sie auf die Jagd gehen.

Axolotl (*Ambystoma mexicanum*)

Axolotl gehören auch zu den Amphibien. Sie durchlaufen jedoch keine Metamorphose, sondern verbringen ihr gesamtes Leben als Larve im Wasser. In diesem Jugendstadium werden sie mit etwa zehn Monaten geschlechtsreif.

Axolotl sind in Mexiko beheimatet und ernähren sich von kleinen Krebsen und Fischen sowie deren Laich. Die Aufzucht in Aquarien ist sehr beliebt. Man schätzt, dass inzwischen mehr Axolotl ihr Leben in Aquarien fristen, als es sie in ihrer natürlichen Umgebung gibt.

Axolotl sind auch für die medizinische Forschung sehr interessant, weil sie eine einzigartige

Regenerationsfähigkeit besitzen.
Verlieren sie durch einen Angriff beispielsweise ein Bein, so wächst dieses wieder nach. Das gilt ebenso für innere Organe, die wiederhergestellt werden können und danach voll funktionstüchtig sind. Diese Fähigkeit ist etwas Einzigartiges.
Möglicherweise hängt dies mit ihrem Erbgut zusammen. Denn es besitzt zehnmal so viele Basenpaare wie das menschliche Genom und zählt damit zu den größten bekannten Erbgutträgern, die bisher untersucht wurden.

Fische (Pisces)

Fische sind aquatisch lebende Wirbeltiere mit Kiemen. Sie werden allgemein in Knorpelfische (Haie und Rochen) und Knochenfische (alle anderen) unterschieden. Die meisten davon sind Meeresbewohner. In unseren deutschen Flüssen und Seen sind nur etwa 80 bis 100 unterschiedliche Fischarten dauerhaft beheimatet.

Fische haben eine große Bedeutung zur Ernährung der Weltbevölkerung, erfreuen uns aber auch als Zierfische in Aquarien.
Da Fische ihr Habitat (= Lebensraum) nicht verlassen können, dienen sie auch als Indikatoren (= Anzeiger)

für die Wasserqualität. Als Bioindikatoren für die Wasserqualität werden auch die Fischnährtiere herangezogen, wie Stein-, Eintags- und Köcherfliegenlarven, bestimmte Strudelwürmer, Kleinkrebse und Mückenlarven.
Schadstoffbelastungen oder Verschmutzungen können sehr rasch zu Fischsterben führen.

Fische finden sich gerne zu Schwärmen zusammen. Dies bringt Vorteile bei der Partnersuche und schützt den einzelnen Fisch vor Fressfeinden. Die Jäger werden verwirrt, da ein einzelnes Tier im Schwarm viel schwieriger auszumachen ist. Dazu ist eine ausgezeichnete Reaktionsfähigkeit und Koordination notwendig. Dies gelingt nur, wenn sich jeder Fisch an seinen unmittelbaren Nachbarn orientiert.
Sehr giftig sind die Steinfische, die Skorpionfische und die Rotfeuerfische.

Mondfisch *(Mola mola)*

Meine erste Begegnung mit einem Mondfisch war im naturkundlichen Museum in San Francisco.
Zuerst dachte ich, ein Künstler hätte sich einen schlechten Scherz erlaubt und aus Pappmaché einen Fantasie-Fisch gebastelt.
Er ist ca. drei Meter groß und rundlich wie ein großer

Diskus mit Flossen. Die Schwanzflosse fehlt völlig und wird durch einen Saum ersetzt.

Die Größe der Rückenflosse und die der Afterflosse übertrifft die eines jeden Hais.

Die Brustflossen sind eher klein und rundlich, damit steuert und bewegt sich der Mondfisch bei Gefahr äußerst flink, was man bei so einem plumpen Körper nicht denken würde.

Der Mondfisch ist mit ca. zwei Tonnen der schwerste bekannte Knochenfisch.

Das Maul ist winzig und hat einen Papageien-artigen Schnabel.

Damit schlürft er seine Hauptspeise Quallen ein, die ihm sonst nur wenige Beutejäger streitig machen.

Zum Schutz vor den Nesselfäden besitzt er keine Schuppen, sondern eine bis zu 7,5 Zentimeter dicke, lederartige Haut.

Er legt sich gerne zum Sonnen auf die Seite an die Wasseroberfläche.

Ausgewachsene Mondfische haben kaum natürliche Feinde.

Berichtet wird von Angriffen durch den Blauhai, den weißen Hai und Schwertwalen.

Seine Defensivstrategie ist dann ein schneller Tauchgang in bis zu 500 Meter Tiefe.

Mondfische, die häufiger vorkommen als man gemeinhin glaubt, haben eine große ökologische Bedeutung als Fressfeinde der Quallen.

Quastenflosser

Der Quastenflosser ist ein lebendes Fossil.
Er galt lange Zeit als ausgestorben, bis ein zufälliger
Fund im Indischen Ozean im Jahre 1938 die Fachwelt
elektrisierte. Man fand ein Exemplar in einem
Fischernetz, welches aus der Tiefe geholt wurde. Das
Tier war kurz zuvor verendet, da es den raschen
Druckverlust beim Auftauchen von der Tiefsee zur
Wasseroberfläche nicht verkraftet hatte.
Fossilienfunde versteinerter Quastenflosser lassen
sich vom Devon bis zur Kreidezeit zurückdatieren.
Sie zeichnen sich durch Fleischflossen aus, die
Pinseln oder Quasten ähnlichsehen. Die urzeitlich
anmutenden Tiere gehören zur Gruppe der
Knochenfische.
Die Wahrscheinlichkeit ist gering, andere „Lebende
Fossilien" zu finden. Aber, wer weiß?
Auch heute noch gibt es in Papua-Neuguinea
abgelegene Täler, die nie ein Mensch zuvor betreten
hat. Selbst Satelliten haben aufgrund der ständig
vorherrschenden hohen Luftfeuchtigkeit und des
dauerhaften Nebels Schwierigkeiten, uns ein genaues
Bild dieser Region der Erde zu vermitteln.
Es gibt immer noch „Weiße Flecken" auf der
Landkarte. Wahrscheinlich mehr als wir alle denken...

Riemenfisch

Ähnlich skurril wie der Mondfisch mutet auch der Riemenfisch an.
Ich sah ihn zum ersten Mal in meinem Leben im Naturkundemuseum in San Francisco und war beeindruckt. Er hing an der Wand und erstreckte sich über den halben Saal.
Mit einer Länge von bis zu 17 Metern ist er der längste Knochenfisch.
Er hat die Gestalt einer Seeschlange mit dem Kopf eines Herings. Vermutlich ist der Riemenfisch der Grund für die Sagen über Seeschlangen.
Die Rückenflosse zieht sich über den gesamten Körper hin, die ersten zwei Flossenstrahlen schmücken den Kopf mit zwei langen Kämmen. An der Unterseite hängen zwei lange Bartflossen.
Er lebt in der Tiefsee, schwimmt senkrecht im Wasser und ernährt sich von Krill.
Riemenfische werden selten gesichtet, obwohl sie in allen tropischen und gemäßigten Meeren zuhause sind.

Gliederfüßer (Arthropoda)

Die Gliederfüßer unterteilen sich in folgende Klassen:
Insekten, Spinnen, Krebse und Tausendfüßer.
Namengebend ist die Gliederung der Beine in mehrere
Segmente (Hüfte, Oberschenkel, Unterschenkel, Fuß
mit Krallen) mit dazwischenliegenden Gelenken.
Gemeinsames Merkmal ist das Außenskelett aus
Chitin, das Laufen auf Beinen und die Segmentierung
des Körpers.

Insekten haben eine klassische Dreiteilung in Kopf,
Brust und Hinterleib, mit drei Beinpaaren (= sechs
Beine) und zwei Flügelpaaren, die an dem
Brustsegment verankert sind.

Spinnen haben in der Regel nur zwei Segmente, also
Vorder- und Hinterleib mit vier Beinpaaren (= acht
Beinen). Sie haben nie Flügel, können aber an ihren
seidenen Fäden durch die Luft gleiten.

Krebstiere besitzen eine Vielzahl an Variationen
bezüglich Segmenten und Beinpaaren.
Durch die Evolution hat sich das erste Beinpaar zu
Scheren entwickelt. Sie besitzen meist vier weitere
Laufbeinpaare. Die großen Krebse, zu denen auch
Hummer, Langusten und Krabben gehören, heißen

daher auch zehnfüßige Krebse. Oft vergisst man jedoch, dass unter ihrem Hinterleib weitere sogenannte Schwimmbeinpaare existieren, die für die Befruchtung und die Brutfürsorge der Eier enorm wichtig sind. Charakteristisch für Krebstiere sind Antennen und Kiemen.

Tausendfüßer haben die größte Anzahl an Segmenten. Es existieren Arten mit bis zu mehreren hundert (maximal 750) Segmenten, mit entsprechend vielen Beinpaaren.

Gott sei Dank sind Gliederfüßer auf dem Land recht klein, im Meer gibt es allerdings die japanische Riesenkrabbe (*Macrocheira kaempferi*), die mit ca. 30 cm Körpergröße und bis zu 1,5 m Beinlänge der größte Gliederfüßer ist. Die Riesenkrabben bewegen sich langsam und ernähren sich hauptsächlich von Aas.

Ein Mensch hätte einer gleichgroßen Ameise, Wespe oder Spinne, also agilen und starken Gliederfüßern, ohne Waffen nichts entgegenzusetzen.

Aber wie wir später noch lernen werden, können diese Tiere aus physiologischen Gründen nicht größer werden als sie sind.

Da haben wir noch einmal Glück gehabt...

Insekten (Insecta)

Insekten sind die artenreichste Tierklasse mit über
einer Mio. Arten.
Der Name Insekt bedeutet eingeschnitten
(lat.: insectum) und bezieht sich auf den engen Hals
zwischen Kopf und Brust sowie die Engstelle
zwischen Brust und Hinterleib.

Warum sind Insekten so klein?
Insekten können bei der heutigen
Sauerstoffkonzentration von 21 Volumen %
tatsächlich nicht viel größer werden als mehrere
Zentimeter. Der Grund liegt in ihrer Anatomie und in
ihrem Stoffwechsel.
Sie haben keine Lungen, sondern ein Tracheensystem,
das sind nichts anderes als kleine Belüftungsrohre,
durch die Luft in den Hinterleib gepumpt wird.
Sie haben keine Blutgefäße, sondern einen offenen
Blutkreislauf, was bedeutet, dass ein Herz das Blut
frei durchs Innere pumpt.
Bei einer solchen Physiologie (griechisch: Lehre der
Lebensvorgänge) sind keine größeren Tiere möglich,
ohne dass es zu Störungen des Nährstoff- und
Sauerstofftransportes käme.
Es gibt bei den Insekten Zwerge wie den
Springschwanz (ab 0,1 mm) und Giganten wie

den Goliathkäfer (10 cm), dessen Larven mit 110 Gramm zu den schwersten Insekten gehören.

Insekten sind nur relativ klein im Vergleich zu Säugetieren. Aber dafür sind sie relativ groß im Vergleich zu Einzellern wie Amöben oder Wimpertierchen, die mit bloßem Auge nicht zu sehen sind.

Allgemein braucht man ein Mikroskop, um Dinge zu erkennen, die kleiner als einen Zehntel Millimeter sind.

In früheren Zeiten, genauer im Karbon (vor ca. 360 bis 300 Mio. Jahren), gab es bei Gliederfüßern Gigantismus.

Libellen hatten 70 cm Flügelspannweite, Spinnen hatten 50 cm lange Beine und Tausendfüßer waren ein bis zwei Meter lang. Spinnen und Tausendfüßer sind übrigens keine Insekten, gehören aber auch zu den Gliederfüßern, das heißt zum gleichen Tierstamm. Damals sorgten Sauerstoffkonzentrationen von 35 Volumen % für Riesenwuchs.

Insekten waren übrigens die ersten Tiere, die auf unserem Planeten das Fliegen erlernten.

Hohe Sauerstoffkonzentrationen waren hilfreich zum Erlernen dieser Fähigkeit, denn der Flug erfordert Höchstleistungen von Muskulatur und Stoffwechsel. Außerdem fällt Tieren das Fliegen umso leichter je kleiner sie sind. Eine aus großer Höhe abstürzende Ameise überlebt den Fall, weil der Luftwiderstand sie ausreichend abbremst. Manche kleine Insekten werden durch den Wind in die Luft gewirbelt und schweben dann eine Weile.

So ist die Flugfähigkeit wahrscheinlich entstanden. Zuerst mit Stummel-Flügel, die zufällig vorhanden waren. Später, als sich evolutionäre Vorteile abzeichneten, wurden die Flügel immer weiter entwickelt.

Fast alle Insekten-Ordnungen können fliegen, Ausnahmen sind allein die Flöhe und Läuse, bei denen sich die Flügel evolutionär wieder zurückgebildet haben.

Selbst schwere Käfer haben sich die Flugfähigkeit bewahrt. Unter kräftigen Deckflügeln befinden sich die dünnen, empfindlichen Hinterflügel.

Insekten haben einige bemerkenswerte anatomische (griechisch: Gestalt von Körpern) Besonderheiten. Zusammengehalten wird das Ganze durch einen festen Chitinpanzer, das heißt Insekten haben ein Außenskelett und kein Innenskelett wie die Wirbeltiere.

Sie haben ein Strickleiternervensystem, das heißt ein Bauchmark und kein Rückenmark wie Wirbeltiere.

Sie haben Facettenaugen, das sind ganz viele (bis zu mehreren Zehntausend) Einzelaugen in einem Kegel.

Sie sind völlig anders aufgebaut als Wirbeltiere, das Riechorgan ist nicht in der Nase, sondern in den Fühlern.
Bei Heuschrecken befinden sich die Hörorgane beispielsweise an den Beinen.
Die Sinne von Insekten sind ausgezeichnet.
So gibt es Nachtfalter-Männchen, die die Pheromone
(= Botenstoffe, innerhalb einer Art)
der Weibchen aus zwei Kilometern Entfernung riechen können.

Die Stubenfliege kann wesentlich schneller sehen als der Mensch. Einen Film mit einer üblichen Bildrate von 24 Bildern pro Sekunde würde sie noch als getrennte Einzelbilder wahrnehmen.
Die Fliege sieht schnelle Bewegungen, beispielsweise unsere nahende Hand, wie in Zeitlupe.
Sie kann deutlich schneller reagieren als wir Menschen, da die Übertragungs- bzw. Reaktionszeit ihres Nervensystems, also z. B. zwischen Augen, Hirnganglion und Flugmuskeln sehr kurz ist.
Deshalb sind Stubenfliegen für uns so schwer zu fangen!
Es gibt aber einen Trick:
Nähert man sich ihr ganz langsam, kann sie uns nicht mehr von regungslosen Objekten unterscheiden. Ist der Abstand gering, muss man schnell und beherzt zupacken.

Die Mundwerkzeuge vieler Insekten haben seitliche Kiefer, sog. Mandibeln. Dies ist ungewöhnlich, da alle Wirbeltiere senkrecht zubeißende Kiefer haben.
Andere Insekten haben sich mit ihren Mundwerkzeugen auf das Auf- und Aussaugen spezialisiert, wie Fliegen, Schmetterlinge, Wanzen, Bremsen und Läuse. Manche zu unserem Leidwesen.
Insekten haben die besten Muskeln im Tierreich.
Ein Käfer oder eine Ameise kann ein Vielfaches des Körpergewichts tragen.
Im Vergleich dazu müsste ein Mensch einen Kleinwagen über dem Kopf tragen können.
Flöhe sind ca. einen Millimeter groß, können aber bis zu 25 Zentimeter hoch und bis zu 30 Zentimeter weit springen.
Im Vergleich dazu müsste ein Mensch ca. 400 Meter hoch springen.
Rekordverdächtig ist auch der Sandlaufkäfer, der es schafft, bei einer mittleren Größe von fünf Zentimetern eine Geschwindigkeit von neun Stundenkilometer zu erreichen. Wäre er so groß wie ein fünf Meter langer Formel-1-Rennwagen, also eine Maßstabsvergrößerung um den Faktor 100, erreichte er unglaubliche 900 Stundenkilometer.

Gäbe es keine Insekten und würde man sie in ihrer Vielfalt und Andersartigkeit zum ersten Mal sehen, würde man sie für Aliens halten.

Welche Bedeutung haben Insekten?

Ihre Bedeutung ist immens.

Sie haben teils eine positive, teils eine negative Bedeutung für den Menschen.

Ohne Insekten wären unsere Ernteerträge bedeutend geringer, denn sie sind fleißige Bestäuber von Blütenpflanzen.

Allerdings gibt es durch Wanderheuschrecken und andere „Schädlinge" auch Ernteausfälle.

Insekten übertragen direkt oder über Zwischenwirte Krankheiten wie Malaria, Fleckfieber und Pest.

Außerdem sind Insekten als Raupen und als geschlechtsreifes Insekt (Adultform oder Imago) die Hauptnahrung für Amphibien, Reptilien und Singvögel.

Es ist bekannt, dass Insekten eine Metamorphose (= alt-gr.: Verwandlung) durchlaufen.

Eine Ausnahme sind die Heuschrecken, die einfach nur wachsen und sich häuten.

Alle anderen Insekten entwickeln sich über ein Larvenstadium, als Engerling, Made, Raupe, usw. zur nächsten Entwicklungsstufe, dem Puppenstadium.

Aus der meist bewegungsunfähigen Puppe schlüpft dann ein „erwachsenes" Insekt. Dieses sieht völlig anders aus als die Larve. Darüber hinaus ernährt es sich anders, hat eine andere Fortbewegungsweise und besetzt eine andere ökologische Nische als ihre Jugendform. Vergleiche die Raupe mit dem Schmetterling oder die Made mit der Fliege! Auch andere Tierstämme kennen die Metamorphose, z.B. die Entwicklung der Kaulquappe zum Frosch.

Insekten werden in Ordnungen eingeteilt. Die bekanntesten sind Ameisen, Fliegen, Flöhe, Hautflügler, Heuschrecken, Käfer, Mücken, Schmetterlinge, Termiten und Wanzen. Hautflügler sind zum Beispiel Bienen, Hornissen und Wespen. In letzter Zeit ist es wegen des Einsatzes von Pflanzenschutzmitteln (Insektiziden) zu einem dramatischen Insektensterben gekommen. Einige Arten sind für immer ausgestorben, oder die Populationen (= artgleiche Tiere an einem Standort) haben sich drastisch verringert. Dies ist schade, weil dadurch auch Singvögel und Amphibien seltener werden. Es wird geschätzt, dass trotzdem das Gewicht aller Ameisen (20 Billiarden * 5 mg = 100 Mrd. kg) zusammen in etwa einem Fünftel des Gewichts aller Menschen (8 Milliarden * 62 kg = 496 Mrd. kg) entspricht.

Bombardierkäfer

Das wichtigste Merkmal dieses Käfers ist seine ausgeklügelte Verteidigung: Bei Gefahr werden aggressive und stinkende Gase aus dem Hinterleib ausgestoßen. Dabei ist ein deutlicher Knall zu hören. Wissenschaftler stellten fest, dass die Käfer ihren Cocktail unmittelbar vor dem Einsatz mischen. Ein Bestandteil davon ist Wasserstoffperoxid, eine in Sprengstoffen bekannte Komponente. Der Käfer kann dieses Bombardement mehrmals auslösen und seinen beweglichen Hinterleib in verschiedene Richtungen drehen.

Schnellkäfer

Wer je einen Schnellkäfer in Händen gehalten hat, ist wahrscheinlich beim ersten Mal erschrocken. Es ist ein Gefühl, als wäre gerade eine Sprungfeder ausgelöst worden. Der Käfer schnellt mit Kraft in der geschlossenen Hand hoch, vor Schreck lässt man ihn meist fallen. Diesen Mechanismus macht er sich bei Fressfeinden zunutze, aber auch, wenn er hilflos auf dem Rücken liegt.

Erdhummel (*Bombus terrestris*)

Die Erdhummel-Königin ist ein kleiner Held. Warum?
Sie muss mit einem viel größeren Gegner kämpfen.
Sie kann keine eigene Erdhöhle graben.
Also muss sie eine erobern und stellt sich dem Kampf
mit einer Wühlmaus.
Dafür ist sie gut gerüstet: Sie hat kräftige Kiefer zum
Beißen und einen Giftstachel.
Außerdem ist sie durch ihren „Pelz", der aus langen
Chitin-Haaren besteht, gut vor den Bissen der Maus
geschützt.
Die Maus wiegt mit ca. 19 Gramm rund 15 mal mehr
als eine Hummel und ergreift doch oft nach einem
Kampf um Leben und Tod die Flucht.
Damit hat die Hummel-Königin ihr Ziel erreicht und
kann im ehemaligen Nest oder der Vorratskammer der
Maus eine Kolonie gründen, die später bis zu 500
Individuen (= einzelne Tiere) umfasst.
Dabei muss sie die erste Brut mit ihrem Körper
wärmen, was viel Energie kostet.

Hummeln sind noch aus anderen Gründen
bemerkenswert:
Sie haben ca. 0,7 cm² Flügelfläche und wiegen ca. 1,2
Gramm. Nach den Gesetzen der Aerodynamik ist es
unmöglich, bei diesem Verhältnis zu fliegen. Und

doch fliegt die Hummel! Der Grund ist ihre leistungsfähige Flugmuskulatur, die ca. 200 Flügelschläge pro Sekunde (!) erreicht.
Außerdem ist sie durch ihren Pelz gut vor Kälte geschützt und kann als eine der ersten Insekten im Jahr aktiv werden. Schon im Februar/März fliegt die Erdhummel-Königin nach einer Winterruhe im Laub die ersten Blüten an.
Die Hummel gehört übrigens zur Familie der Echten Bienen, das sind „Körbchensammler", die vier dünne und durchsichtige Flügel besitzen.

Scharfrichterfliege *(Euryplatea nanaknihali)*

Die Weibchen dieser Fliege greifen die wesentlich größeren Ameisen im Sturzflug an, stechen zu und spritzen in Sekundenbruchteilen ein Ei in deren Brust. Die Larve der Fliege frisst sich später durch die Innereien der Ameise und trennt ihr zum Schluss den Kopf ab, daher der Name. Die Larve ist somit ein Parasit, der jedoch darauf bedacht ist, den Wirt nicht gleich zu töten. Die Nahrung soll möglichst lange „frisch bleiben". Die übrig gebliebene Ameisenhülle wird von anderen Arbeiterinnen aus dem Bau entfernt und vor ihm abgelegt. Jetzt kann die Larve nach einer Verpuppungsphase als neue Fliege unbehelligt schlüpfen.

Bienenwolf *(Philanthus triangulum)*

Als Nahrung für die Larven dient in Mitteleuropa fast ausschließlich die Honigbiene (*Apis mellifera*). Das Opfer wird beim Blütenbesuch durch einen schnellen Angriff überwältigt. Das mit den Beinen ergriffene Opfer wird sofort durch einen Stich gelähmt. Die Beute wird anschließend auf den Rücken gedreht und zum Nest transportiert. Während des Fluges wird die Biene mit allen Beinen fest umklammert.
Der Bienenwolf gehört zur Familie der Grabwespen. Wespen sind allgemein die Jagdflieger unter den Insekten, sie sind schnell, stark und giftig.

Hornisse (*Vespa crabro*)

Die Hornisse ist die größte europäische Wespenart, ca. 2,5 cm lang. Interessanterweise sind kleinere Wespenarten ihre bevorzugte Beute. Ein Hornissennest beseitigt jede Wespen-Plage. Hornissen sind nicht aggressiv gegenüber dem Menschen, wenn man sie in Ruhe lässt.
Über ihren Stich werden oft Mythen verbreitet. Er ist schmerzhaft, ähnlich wie ein Bienenstich, aber nicht tödlich.

Tarantulafalke (*Pepsis formosa*)

Eine mittelamerikanische Wespenart, die Taranteln
(= Vogelspinnen) jagt und ca. 4-5 cm groß wird.

Es gibt eine Skala der Schmerzhaftigkeit von
Insektenstichen (vereinfacht nach J. O. Schmidt):

Stufe 1:   z.B. die Feuerameise, deren Biss sich
             wie das Abbrennen eines einzelnen
             Haares anfühlt.

Stufe 2:   z.B. ein Wespenstich, der sich wie der
             kurze Kontakt einer brennenden Zigarette
             auf der Haut anfühlt.

Stufe 3:   z.B. die Stiche einer Honigbiene oder
             einer Hornisse, die sich wie Salzsäure auf
             der Haut anfühlen.

Stufe 4:   z.B. der Stich eines Tarantulafalken, der
             sich wie glühende Kohlen anfühlt.

Der Insektenforscher Schmidt hat das im
Selbstversuch ausprobiert. Bitte <u>nicht</u> nachmachen!!

Spinnen (Arachnida)

Spinnen leben am seidenen Faden und sind ausschließlich karnivor (= fleischfressend).
Die Materialqualität von Spinnenseide ist erstaunlich: Sie ist so dehnbar wie Gummi und gleichzeitig so beanspruchbar wie Stahl.
Viele Spinnen sind sehr giftig, z.B. die verbreiteten „Schwarzen Witwen" (Gattung: Latrodectus oder Kugelspinnen).
In Deutschland geht eine gewisse Gefährlichkeit nur von zwei Arten aus:
Von der Wasserspinne und dem Dornfinger (*Cheiracanthium punctorium*).
Sie haben die Fähigkeit, die menschliche Haut zu durchbeißen, alle anderen in Deutschland heimischen Spinnenarten haben zu kurze Giftklauen.
Die Schmerzhaftigkeit entspricht in etwa einem Wespenstich.
Trotz dieser Harmlosigkeit der meisten einheimischen Spinnenarten haben viele Menschen Furcht vor Spinnen, man nennt das Arachnophobie.

Skorpione gehören übrigens zur Ordnung der Spinnentiere. Zu diesen zählen auch Weberknechte und Milben (z.B. Zecken).

Wasserspinne (*Argyroneta aquatica*)

Die Wasserspinne ist die einzige Spinnenart, die unter Wasser leben kann.
Da sie keine Kiemen hat, und Luft atmet, muss sie diese unter Wasser bringen.
Dazu spinnt sie unter Wasser eine Wohnhöhle, die sie mit Luft füllt. Sie muss immer wieder auftauchen, an der Körperbehaarung eingefangene Luft nach unten bringen und in ihrer „Taucherglocke" abstreifen.
Dies macht sie so lange, bis sie einen Luftvorrat hat, der für mehrere Stunden reicht.
Dann kann sie ihrer Beute, z.B. Wasserasseln, nachstellen.

Walzenspinnen (Solifugae)

Diese ungiftige Spinnenordnung kann bis zu sieben Zentimeter groß werden und besitzt, in Relation zur Körpergröße, die stärksten Kiefer im Tierreich.
Diese wirken wie zwei senkrecht angeordnete Scheren, mit denen die sehr agilen Tiere auch größere Beutetiere wie andere Spinnen, Skorpione und sogar kleine Reptilien überwältigen können.
Bisse sind für den Menschen sehr schmerzhaft und können tiefe Hautwunden verursachen.

Krebstiere (Crustacea)

Pistolenkrebs

Der Pistolenkrebs hat ein einzigartiges Jagdverhalten entwickelt.
Er kann eine seiner Scheren so kraftvoll und schnell zuschnappen lassen, dass ein Knallgeräusch entsteht, das in der Nähe befindliche Beutetiere betäubt.
Man vermutet, dass er durch die schnelle Bewegung einen Unterdruck im Wasser erzeugt.
Es bilden sich kleine Luftbläschen, die bersten und den Unterwasserschall erzeugen.

Fangschrecken-Krebs

Fangschrecken-Krebse leben räuberisch im Sediment versteckt, sie sind Lauerjäger.
Ähnlich einer Gottesanbeterin bei den Insekten (Analogie!) haben sie einen Fangapparat, den sie in Sekundenbruchteilen ausfahren können.
Sie können ihrer Beute einen Schlag mit ihren kolbenförmigen Fortsätzen versetzen, der so kraftvoll ist, dass er die Schalen und Panzer von Schnecken und Garnelen zertrümmern kann.

Tausendfüßer (Myriapoda)

Wer je die Anmut gesehen hat, mit der Tausendfüßer ihre Beine bewegen, ist tief beeindruckt. Von der Seite betrachtet läuft die Bewegung in mehreren regelmäßigen Wellen ab.
Die meisten Tausendfüßer sind Pflanzenfresser. Die mit ihnen verwandten Hundertfüßer sind jedoch gefräßige Räuber, die ihr erstes Beinpaar zu Giftklauen umgewandelt haben.
Tropische Hundertfüßer (Skolopender) können bis zu 30 cm lang werden, ihr Biss ist auch für den Menschen gefährlich.

Weichtiere (Mollusca)

Der Stamm Weichtiere (Mollusken) besteht aus drei
Klassen:

- Kopffüßer
- Muscheln
- Schnecken

Während Schnecken und Muscheln bis auf
Raubschnecken nicht so spannend sind, gehören
Kopffüßer zu den faszinierendsten Tieren.
Der Stamm Kopffüßer gliedert sich in die Perlboote
(Nautilus) und die Tintenfische, deren bekannteste
Vertreter Kalmare, Kraken und Sepien sind.
Tintenfische sind die bei weitem intelligentesten
Weichtiere mit komplexen Augen, die sehr
leistungsfähig sind.
Kalmare und Sepien haben zehn Arme, Kraken acht
Arme.
Diese sind mit mit zwei Reihen von ca. hundert
Saugnäpfen ausgestattet.

Kraken besitzen drei Herzen und einen scharfen
Schnabel, ähnlich wie der von Papageien.
Über ihren Atemtrichter können sie zur Fortbewegung

Meereswasser ausstoßen und sich mit diesem Rückstoßprinzip schnell fortbewegen. Der Kopf schwimmt dann voran, die Arme werden passiv nachgezogen.

Tintenfische besitzen zur Abwehr und Verwirrung von Fressfeinden Tinte, die sie bei Gefahr ausstoßen können.

Interessanterweise produzieren Tiefseetintenfische leuchtende Tinte, um in der absoluten Dunkelheit mit Licht zu blenden.

Die am Meeresboden lebenden Kraken haben die beste Tarnfähigkeit im Tierreich.

Sie imitieren mit ihrer Haut nicht nur die Farbe ihrer Umgebung sondern auch deren Formen.

Die Haut der Kraken enthält spezielle Zellen (Chromatophoren) mit verschiedenfarbigen Pigmenten und einer Muskulatur, die die Haut entweder glatt oder warzenartig erscheinen lässt.

Kraken sind in der Lage, durch kleinste Öffnungen zu schlüpfen, wodurch sie sich hervorragend verstecken können. Sie ernähren sich hauptsächlich von Krebstieren und Fischen. Blau geringelte Kraken gehören zu den giftigsten Meerestieren, hier dient die auffällige Färbung als Warnung, der Fachbegriff heißt Aposematismus.

Kalmare leben im freien Meer und gehören zu den größten Weichtieren überhaupt.

Riesenkalmare, die in der Tiefsee leben, haben eine

Kopfrumpfgröße von ca. zwei Metern und eine maximale Armlänge von ca. acht Metern.

Es gibt in der Literatur größere Angaben, die aber möglicherweise durch Dehnen der sehr weichen Arme herbeigeführt wurden.

Riesenkalmare sind die Beute von Pottwalen, denen sie mit ihren bezahnten Saugnäpfen oft große Hautwunden zufügen.

Humboldt-Kalmare sind ca. 2,5 Meter große, 50 Kilogramm schwere und aggressive Tiere, die auch in oberflächennahen Schichten anzutreffen sind. Sie jagen in der Hochsee Fische und andere Tintenfische. Sie besitzen einen ca. 7 cm großen Schnabel aus Chitin, es gibt bestätigte Todesfälle von Tauchern und Sportfischern.

Was gibt es sonst noch über diese faszinierenden Tiere zu berichten?

Kopffüßer werden nicht sehr alt, ca. zwei bis fünf Jahre, sie legen Hunderttausende von Eiern ab und sie stellen in den Ozeanen einen Großteil der Biomasse.

Man vermutet, dass die Evolution der Zahnwale eng mit dem massiven Auftreten der Kopffüßer verknüpft ist.

Zahnwale ernähren sich bevorzugt von Tintenfischen.

Stachelhäuter (Echinodermata)

Was sind Stachelhäuter?
Stachelhäuter sind ein erfolgreicher Tierstamm, der
nur im Meer lebt.
Er hat nur drei Klassen: Seegurken, Seeigel und
Seesterne.
In der Tiefsee bestehen 90 Prozent der bodennahen
Biomasse aus Seegurken.
Seegurken ernähren sich von Plankton im Sediment,
sie haben einen walzenförmigen Körper mit der
Fähigkeit zur Regeneration von Haut und Därmen.
Unter Regeneration versteht man die Fähigkeit,
verloren gegangene Teile zu ersetzen.
Zu Verteidigungszwecken können sie Schleimfäden
abgeben, die bei manchen Arten giftig sind.

Seeigel bestehen aus einem Gehäuse mit Stacheln aus
Calcit (Kalziumkarbonat).
Sie sind eine sehr alte Klasse und leben seit ca. 480
Mio. Jahren in Weltmeeren.
Seeigel haben einen kreisförmigen Mundapparat mit
fünf Zähnen und ernähren sich von Seetang und Aas.
Interessanterweise werden Seeigel gerne von
Seesternen erbeutet.
Seesterne besitzen zwischen fünf und maximal vierzig
Arme und werden bis zu einem Meter groß.

Die Durchschnittsgröße liegt jedoch bei 20 Zentimetern.

An ihrer Unterseite befinden sich zahlreiche Füßchen, die über ein Hydraulik-System bewegt werden und eine erstaunliche Kraft entfalten können.

Große Seesterne sind Spitzenprädatoren (= Räuber, die ganz oben in der Nahrungskette stehen) des Meeresbodens, die für alle langsamen bodenlebenden Organismen, natürlich auch andere Seesterne, eine Bedrohung darstellen. Seesterne sind in der Lage, Muscheln zu öffnen, indem sie die Muschelschalen ausdauernd auseinanderspreizen. Da die Schließmuskeln der Muschel nach einiger Zeit erlahmen, gewinnt in der Regel das Hydrauliksystem. Seesterne besitzen an der Unterseite in Körpermitte einen ausstülpbaren Magen, die Verdauung findet in der Regel außerhalb des Körpers statt.

Würmer

Die Gestalt Wurm ist ein Erfolgsmodell der Evolution und wurde in mehreren Tierstämmen verwirklicht. Welche Vorteile hat die Wurmform?
Ein wurmähnliches Tier kann mit einem relativ großen Körper durch kleinste Öffnungen schlüpfen. Dies ist wichtig bei einer Lebensweise im Erdreich oder im Sediment. Sandkörner im Wasser werden eckig geschliffen, was immer mal wieder größere Lücken gewährt. Würmer sind Spezialisten im Kriechen durch solche Hindernisse und sehr weit verbreitet. Selbstverständlich fühlen sie sich auch in den Därmen anderer Lebewesen wohl.
Es gibt wohl kein einziges Wildtier, egal ob Säugetier, Vogel oder Reptil, das nicht von wenigstens einem parasitären Wurm befallen ist. Würmer kommen selbst im Innern von Insekten und anderen Kleinstlebewesen vor. Parasiten leben einseitig auf Kosten des Wirts. In bestimmten Fällen gibt es auch Vorteile für den Wirt, dann spricht man von einer Symbiose. Bei Kindern, die in Entwicklungsländern aufwachsen, ist Wurmbefall die Regel. Man hat beobachtet, dass dadurch Allergien seltener auftreten. Das menschliche Immunsystem braucht wirkliche Feinde, sonst wendet es sich harmlosen Pollen zu.

Ringelwürmer (Annelida)

Regenwurm (*Lumbricus terrestris*)

Der Regenwurm ist neben der Honigbiene
wahrscheinlich das für den Menschen wichtigste Tier.
Er verbessert das Erdreich so weit, dass unsere
Nutzpflanzen optimal gedeihen können.
Er gräbt Wohnröhren in den Boden, der dadurch
belüftet wird. Außerdem verteilt der Wurm seinen Kot
gleichmäßig.
Regenwürmer sind starke, muskulöse Kreaturen. Sie
bestehen fast gänzlich aus einem segmentierten (= aus
Abschnitten bestehenden) Muskelkörper.
Damit sie sich bewegen können, gibt es eine Längs-
und eine Ringmuskulatur.
Ziehen sich die Längsmuskeln zusammen, wird der
Wurm kürzer und dicker, ziehen sich die Ringmuskeln
zusammen, hat es den umgekehrten Effekt. Wenn dies
rhythmisch und segmentweise geschieht, kann sich
der Wurm fortbewegen. Halt geben ihm kleine
Borsten, mit denen er sich abstoßen kann.
Würmer können vorwärts und rückwärts kriechen.
Die Rückwärtsbewegung braucht der Regenwurm,
wenn er ein Pflanzenteil mit seiner Mundscheibe
packt und rückwärts in seine Gänge zieht.

Dadurch reichert er den Boden mit organischem Material an.

Der Regenwurm hat eine gewisse Fähigkeit zur Regeneration.

Er überlebt aber nur, wenn die Durchtrennung hinter dem 40. Segment stattfindet.

Vom Kopfende bis zum 40. Segment befinden sich die Ganglien (= Nervenknoten), die Lateralherzen und der Darm. Diese Organe sind lebensnotwendig und nicht wiederherstellbar.

Verletzte Regenwürmer fallen in eine Art Heil-Starre. Maulwürfe machen sich dies zunutze, indem sie mit einem Biss den Regenwurm verletzen.

Bobbitwurm (*Eunice aphroditois*)

Der Bobbit ist ein armdicker und bis zu drei Meter langer räuberischer Ringelwurm, der am Meeresboden lebt und sich von Fischen und anderen Meerestieren ernährt, diese packt und in seine Wohnhöhle zerrt.

Er ist die größte bekannte Art der Ringelwürmer.

Es ist gefilmt worden, wie der Bobbit selbst giftige und größere Fische wie den Rotfeuerfisch erbeutet.

Mancher Aquarianer hat schon eine böse Überraschung erlebt, wenn ihm ein im Sediment eingeschleppter Bobbit den Fischbestand im Aquarium verringerte.

Leben im Erdboden

Unser Erdboden ist übrigens ein dicht besiedelter Lebensraum.
Man vermutet, dass sich in einem Kubikmeter Boden folgende Lebewesen befinden: 100 Regenwürmer, 50 Asseln, 50 Spinnen, 50 Schnecken, 100 Zweiflüglerlarven, 100 Käferlarven, 10.000 Borstenwürmer, 25.000 Rädertiere, 50.000 Springschwänze, 100.000 Milben, 1 Million Fadenwürmer und Milliarden von Bakterien, Pilzen und Algen.
Dies ist eine unvollständige Aufzählung. Die Zahlen variieren nach Güte des Bodens und sind Schätzungen.

Früher hat man gesagt: „Dreck macht Speck". Darunter versteht man, dass Kinder, die mit Erde und Sand spielen, besser gedeihen. Der Kontakt mit dem Erdboden stärkt durch seinen Reichtum an Mikroorganismen unser Immunsystem. Das wiederum verbessert die Gesundheit.

Nesseltiere (Cnidaria)

Quallen gehören zu den ältesten Lebewesen der Evolution, die fast unverändert seit dem Kambrium (vor ca. 540 bis 485 Mio. Jahren)
vorhanden sind.
Sie besitzen nur zwei Schichten, eine Außenhaut (Epidermis)und eine Innenhaut (Endodermis).
Quallen jagen passiv mit Hilfe langer Tentakel, die mit Nesselzellen ausgestattet sind.
Bei Kontakt schießt ein giftiger Bohrstachel an einem Nesselfaden heraus und harpuniert das Opfer.
Nesseltiere gehören zu den effektivsten Jägern, d.h. fast 100% ihrer Angriffe sind erfolgreich.
Eine ähnliche Effizienz haben nur die Treiber-Ameisen, während Raubkatzen auf weniger als 50% Effizienz kommen.
Einige Arten, vor allem Würfelquallen, sind bei Hautkontakt auch für den Menschen gefährlich, es ist zu Todesfällen gekommen.

Schwämme (Porifera)

Schwämme sind nicht unbedingt die spannendsten Tiere, sind sie doch sesshaft wie Pflanzen und leben von Filtration.
Sie können nur im Wasser existieren und kommen fast ausschließlich im Salzwasser vor.
Das Prinzip Schwamm ist jedoch genial: Maximale Effizienz zur Aufnahme von im Wasser schwimmenden organischen Partikeln bei minimalem Einsatz.
Schwämme verzichten auf fast alles: kein Gehirn, keine Sinnesorgane, keine Nerven, keine Muskeln.
Schwämme sind ein nachweislich sehr alter Tierstamm, der unverändert geblieben ist.
Frühe Fossilien finden sich im Devon vor ca. 400 Mio. Jahren.
Schwämme unterstützen Korallen bei der Riffbildung und haben dadurch eine wichtige Funktion zum Erhalt dieser schönen Ökosysteme.

Bärtierchen (Tardigrada)

Bärtierchen sind die Überlebenskünstler unter den Tieren. Sie trotzen Radioaktivität, extremer Kälte und Hitze und können in einem besonderen Zustand sogar ohne Sauerstoff und Wasser überleben.
Man nennt dies einen kryptobiotischen Zustand.
(alt-gr.: kryptos = verborgen; bios = Leben)
Sie sehen dann wie verdorrte Klumpen aus.
Werden sie wieder von Wasser benetzt, erwachen sie zum Leben und zeigen ihre normale Gestalt.
Bärtierchen sind klein, ca. 0,1-1 Millimeter und sehen tatsächlich wie kleine, tapsige Bären aus mit ihrem tonnenförmigen Körper, den acht stämmigen Beinchen mit Krallen und dem Mundkegel.
Sie leben gerne im feuchten Moos und ernähren sich von Algen, Fadenwürmern und Rädertierchen.
Bärtierchen sind so widerstandsfähig, dass sie vermutlich auch im Weltall überleben könnten.
2019 stürzte ein unbemanntes Mondlandegerät ab, das Bärtierchen zu Forschungszwecken mit sich führte.
Es ist nicht ausgeschlossen, dass sie den Absturz überlebt haben.
Es könnte also sein, dass sich auf dem Mond seit kurzem „scheintote" Lebewesen irdischen Ursprungs befinden. Somit schließen die Bärtierchen den Kreis zum Weltall, mit dem dieses Buch anfing.

Epilog

Ihr seid jetzt Schlaufüchse und und könnt nun Euer neues Wissen über einige Dinge dieser Welt an andere weitergeben.

Ihr habt aber nicht nur Wissen erworben, sondern auch wichtige Zusammenhänge erfahren.

Frei nach Johann Wolfgang von Goethe (1749-1832):
„Was die Welt im Innersten zusammenhält..."
(Zitat Ende)

Wenn ihr uns schreiben wollt, dürft ihr das gerne tun. Bitte an die Adresse des Verlages auf der letzten Seite! Wir werden jede Zuschrift persönlich beantworten.

Abkürzungen

alt-gr.	=	altgriechisch
ca.	=	circa, ungefähr
cm	=	Zentimeter
d.h.	=	das heißt
g	=	Gramm
km	=	Kilometer
lat.	=	lateinisch
m	=	Meter
mg	=	Milligramm
mm	=	Millimeter
Mio.	=	Millionen
Mrd.	=	Milliarden
n. Chr.	=	nach Christus
o.g.	=	oben genannte(n)
sog.	=	sogenannte
Sek.	=	Sekunde(n)
Std.	=	Stunde(n)
u.a.	=	und andere(s)
usw.	=	und so weiter
z.B.	=	zum Beispiel

Literatur
(Name / Autor / Verlag / Jahr)

a. Der Mensch / Wolf Schneider / rororo / 2008
b. Dinosaurier / D. Norman / Bertelsmann / 1. Auflage 1991
c. Eine kurze Geschichte der Menschheit /Yuval Noah Harari / DVA / 2013
d. Eine kurze Geschichte von fast allem / Bill Bryson / Goldmann / 2011
e. Geologica / R. Coenraads / Ullmann / Sonderausgabe 2013
f. Lehrbuch der Entomologie / H. Eidmann, F. Kühlhorn / Paul Parey / 2. Auflage 1970
Entomologie (= Insektenkunde)
g. Unbekannter Planet / R. Piper / Theiss / 1. Auflage 2014
Unbekannter Planet ist ein Zoologie-Buch.
h. Urknall, Weltall und das Leben / H. Lesch, J. Gaßner / Komplett-Media / 4. Auflage 2017

Quellen

In der sehr empfehlenswerten Online-Enzyklopädie
Wikipedia solltest du zur weiteren Vertiefung
folgende Begriffe nachschlagen:
Die Atmungskette, die Liste der neuzeitlich
ausgestorbenen Vögel, die schönen Bilder unter dem
Begriff Aposematismus. Es lohnt sich auch durchaus,
Bilder einzelner Tierarten nachzuschlagen,
z.B. den kleinen Schwertwal mit seinen gefährlich
aussehenden Zähnen.

(1) Seite 30:
Bild der Wissenschaft 11/2024
(2) Seite 74:
https://www.geo.de/natur/oekologie/4178-rtkl-
biodiversitaet-auf-der-erde-leben-87-millionen-
arten
(3) Seite 74:
https://www.scinexx.de/news/geowissen/mikro
ben-2-500-meter-unter-dem-meeresgrund/
(4) Seite 136: www.mensa.de

Mitwirkende

Dr. med. Ralf Schön hat Medizin studiert. Er war als Arzt im Labor, im Krankenhaus und in der Praxis tätig.
Er ist seit 2012 Mitglied bei Mensa in Deutschland e.V. (MinD). **(4)**

Dr. phil. Mirjam Schön hat im Lehramt Mathematik und Geographie studiert. Sie ist promovierte Pädagogin an einer Privatschule.

Markus Mattern ist Diplom-Biologe und im pharmazeutischen Außendienst tätig.
Er ist seit 1993 Mitglied bei Mensa in Deutschland e.V. (MinD). **(4)**

Peter Stumpe ist studierter Wirtschaftswissenschaftler und als Lektor tätig.

Copyright

Impressum

© 2025 Dr. med. Ralf-Alexander Schön

1. Auflage 2025

Verlag: BoD · Books on Demand GmbH,
Überseering 33, 22297 Hamburg,
bod@bod.de
Druck: Libri Plureos GmbH,
Friedensallee 273, 22763 Hamburg

ISBN: 978-3-7693-5212-2